維新政治の内幕

「改革」と抵抗の現場から

元大阪府副知事
小西禎一
塩田潤
福田耕 著

花伝社

維新政治の内幕——「改革」と抵抗の現場から◆目次

第二部

維新政治と対抗運動

まえがき

大阪の街に「維新」の文字が踊るようになって一三年が経った。

この間、五回の府知事・市長選挙、四回の府・市議会議員選挙、衆参合わせて八回の国政選挙が行われ、維新は選挙のたびに大阪で圧倒的な強さを見せてきた。直近、二〇二三年の統一地方選挙でも、大阪府知事・市長選挙双方で圧勝を収めた。同時に、大阪府議会議員選挙では改選前から九議席増の五五議席で単独過半数を獲得、「高いハードル」とも言われていた大阪市議会議員選挙でも議席を増やし、四六議席で初めて単独過半数を占めるに至った。大阪以外の都道府県でも維新は議席を増やし、全体でも選挙前から議席を倍以上増やした。いまや大阪は「維新王国」とも言える状況となり、全国各地でも一大勢力となっている。

維新は二〇〇九年四月、大阪府議会の自民党の分裂によって「自民党・大阪維新の会」として誕生した。分裂の直接のきっかけを作ったのは、当時大阪府知事であった橋下徹である。彼が府庁舎を大阪ワールドトレードセンタービル＝ＷＴＣビル[1]へと移転すると唱え始めたこと

1　大阪市関連の第三セクター方式で建設されたビルで、現・大阪府咲洲庁舎。バブル崩壊後に経営破綻していた。

で、自民党大阪府議団は紛糾、松井一郎などが主導して自民党は分裂した。つまり、維新のルーツは自民党にある。その後、二〇一〇年に橋下を代表、松井を幹事長とする地域政党「大阪維新の会」が設立された。翌二〇一一年四月の統一地方選挙を経て、大阪維新の会は府議会で過半数を獲得、市議会でも第一会派となった。さらに同年一一月の大阪府知事・市長ダブル選挙でも勝利し、維新は大阪の政治舞台の主役に躍り出た。

この大阪の波を全国に波及させようと、二〇一二年には国政政党「日本維新の会」が結成される。ここには自民党、民主党、みんなの党から現職の国会議員が合流。また当時東京都知事であった石原慎太郎らが率いる太陽の党も合流し、同年の衆議院選挙では得票率一一・六四%で五四議席を獲得、自民、民主に次ぐ第三党へと躍進した。もちろんこの躍進を支えたのも大阪である。当選議員五四人のうち二一人が近畿ブロックの選出であり、一九ある大阪の小選挙区のうち一二選挙区を維新が押さえた。

しかし二〇一四年、橋下率いる大阪組と石原率いる東京組で日本維新の会は分裂した。さらに二〇一五年には大阪維新の会が結党以来目指してきた「大阪都構想」（以下、本書内では基本的に「都構想」と表記）の是非を問う住民投票が行われたが、結果は一万七四一票差で否決。橋下は政界を引退した。

党の絶対的支柱を失ったものの、橋下引退時、すでに維新は大阪で盤石となっていた。党分裂によって大阪に回帰したことで政党助成金などの経済的資源を大阪に集中させることができたことに加え、旧自民党議員らが叩き込んだ「どぶ板」やビックデータを駆使した選挙戦術、大都市首長としての圧倒的なメディア露出量と芸能界とのつながり、そして「第二世代」とも言われる若手の台頭など、維新は大阪の選挙で負けない体制を築いてきた。

二〇二一年頃からは維新が再び大阪外へと支持を広げ始めているようにも見える。実際、二〇二一年衆院選では大阪の小選挙区すべてで維新候補が勝利するだけでなく、大阪以外の近畿圏をはじめとして全国的に得票率は増加傾向にあった。また、二〇二一年七月に行われた兵庫県知事選挙、二〇二三年四月の奈良知事選挙など、最近では大阪以外でも維新系知事が誕生している。[2]

こうした「維新の全国化」の背景には、立憲民主党など競合勢力の弱体化があることに注意しておくべきだろう。同時に大阪こそ維新の軸足なのであり、もし維新が全国化しているのであれば、それを実現させたのもやはり大阪における維新の強さであることは強調してもしすぎることはない。だからこそ、維新の震源地とも言える大阪を舞台に、この一三年間の「維新政治」を紐解かなければならない。

なぜここまで維新は強くなったのか。この問いを語る際に、しばしば触れられるのが「ポピュリズム」という用語である。既存政治やエリートを痛烈に批判することで、人びとの政治

2 ただし、それぞれの選挙について個別に分析される必要性があることも指摘しておこう。例えば兵庫県知事選挙も奈良県知事選挙も、それまでの首長を支援してきた自民党が分裂した選挙であった。

的な不満を自らへの支持に変えてゆくポピュリズムは、ドナルド・トランプ元米大統領の誕生やイギリスのEU離脱をめぐるブレグジットなどによって、二〇一〇年代の政治を象徴するキーワードともなった。その意味では、維新の台頭は世界的な潮流とも軌を一にするところがあるのかもしれない。ただし、維新のポピュリズムと近年海外で台頭するポピュリズムとは違いもある。近年の欧米各国におけるポピュリズムは、移民や難民の排斥を掲げる右派ポピュリズムや、経済的な格差是正を訴えて国際的な金融産業を批判する左派ポピュリズムが主流であった。一方、維新のポピュリズムは、行政改革の名の下に、市場原理に沿って公的事業の民営化や規制緩和を進める新自由主義的なポピュリズムである。

しかしながら、維新の強さをポピュリズムのみに求めることは間違いではないにせよ、不十分ではあるだろう。維新はすでに一〇年以上ものあいだ大阪で与党であり、もはやアウトサイダーでも、新興勢力でもない。チャレンジャーとしてではなく、支配者として大阪の政治を主導しているのが維新である。そうであれば、維新の政治に内在して――「維新王国」の内側から――維新の強さを分析する必要がある。

維新は大阪においてどのような政治を展開し、大阪の政治舞台に何をもたらしたのか。一方、維新政治に対抗する人びとはどのような状況の下でいかに行為したのか。

本書は、それぞれの立場で維新政治を経験した三人の筆者によって、議論を交わしながら編まれた。第一部では、維新府政以前から公務員として大阪府の行政に携わり、また大阪府副知事として維新政治を間近に見つめてきた小西禎一が、自身の経験を綴りながら、維新政治の内幕を論じる。

第二部では、「大阪市廃止」をめぐる二度の住民投票に際し反対の立場で市民運動に参加した福田耕、同様に市民運動に参加し政治学を専門とする塩田潤が、維新政治の「強さ」を分析するとともに、維新政治に対抗してきた人びとのダイナミズムを描き出す。第二部第一章は塩田・福田が共同執筆し、第二章は塩田が、第三章は福田がそれぞれ担当した。

維新政治下の大阪で一体何が起こってきたのか。これまで少なくない人びとがこの問いに取り組み、様々な議論が交わされてきた。それらをふまえてなお、本書が読者に届けることのできる議論は以下の三点になる。

第一に、維新の行政改革を大阪府行政の歴史に位置づけ直すとともに、その「改革」の実相について、内側の視点から描くことである（第一部）。第二に、維新の「強さ」について、対抗する勢力の「弱さ」を通して明らかにすることである。つまり、選挙戦における維新の戦略や有権者の動向とは別に、維新政治によっていかに対抗勢力が弱体化させられてきたのかを論じる（第二部第一章、第二章）。第三に、大阪において維新政治に対抗してきた市民の動きを描く。自分たちが暮らす街について自分たちで考え、動き出す市民が現れたことは、維新政治がもたらしたもののひとつである。市民はなぜ、どのように維新政治に抗ったのかを論じ、市民のまなざしから維新政治を問い直す（第二部第三章）。

維新政治は今後どこへ向かうのか。私たちは維新政治とどのように向き合うべきなのか。読者自身が大阪や日本の政治を考えるひとつの手掛かりとして、本書が役立てば幸甚である。

著者を代表して　塩田　潤

第一部

橋下知事・松井知事の下で垣間見た維新政治

小西禎一

序章

私が府庁に就職したのは一九八〇年、岸昌[1]知事の時でした。当時は長洲一二神奈川県知事の唱えた「地方の時代」[2]という言葉が、今で言えば「流行語大賞」のようにもてはやされていましたが、それが大阪府庁を選択した大きな動機となっていました。その後二〇一五年に副知事を退任するまでの三五年間で、岸知事、中川和雄知事、横山ノック[3]（山田勇）知事、太田房江[4]知事、橋下徹知事、松井一郎[5]知事と六人の知事にお仕えすることになりましたが、知事の平均在任期間が二期に満たないというのは全国的に見ても珍しいのではないでしょうか。ある意味大阪の政治の面白さと難しさを反映した結果かもしれません。

1　一九七一年、大阪府副知事、日本赤十字大阪府支社副支社長。一九七九年、大阪府知事選挙で初当選。テレビ大阪の開局、関西新空港など多くの公共事業を推進。一九九一年引退。

2　一九七八年七月の「第一回地方の時代シンポジウム」において、「政治や行財政システムを委任型集権制から参加型分権制に切り替えるだけでなく、生活様式や価値観の変革をも含む新しい社会システムの探求」と定義づけた。

3　本書三〇頁、注13を参照。

4　本書二四頁、注12を参照。

5　本書一〇二頁、注32を参照。

さて、私が入庁した当時、新規採用者（上級職）はまず三年間出先機関で勤務するというルールになっており、私は富田林土木事務所の管理係に配属されました。

管理係は道路に埋設されているガス管や水道管、電柱、河川にかけられる個人の橋などの許可を行い、また、府民からのさまざまな苦情を受ける窓口でもありました。ここでの三年間は直接府民の声（ほとんどはお叱りの声だったが）を聞き、業者との対応や道路が損傷したためけがをされた方との示談交渉など、さまざまな得難い経験をさせていただきました。事務所に配属されて最初にした仕事は、トラックが道路にまき散らした砂利を、スコップを持って行って掬い集めることでした。その後自動車修理屋さんが古い自動車を河川敷に山積されており懸案事項となっていたのをなかなか解決できず、とうとう住民監査請求をされるということもありました。最後は自主撤去していただきましたが、その際古タイヤを燃やしたため消防署が飛んでくるという、今だったらかなりの批判を浴びるようなことも当時は笑い話でおさまりました。

管理係で三年勤めた後、本庁へ配属される際には地方自治を学べる地方課[6]への異動を希望していましたが、人事異動は本人の希望通りにはいかないものです。上司からも「地方課は無理そうや」と告げられていましたが、ふたを開けると希望通り地方課へ異動することになって

6　市町村の行財政運営をサポートする課。選挙管理委員会も兼ねており、かつての自治省―都道府県地方課―市町村というライン上にある伝統的な組織。現在は多くが市町村課、市町村振興課などへ名称変更されている。

いました。聞いたところでは、同じころ府民センター所長（土木事務所も入る大阪府の出先機関の総合庁舎の長で、各地域における知事の名代と位置付けられていた）を務められその後民生部（現在の福祉部）次長になられていたS・I氏が随分骨を折ってくださったようです。地方課でのいろんな人や仕事との出会いがその後の公務員生活を大きく左右することになったことを考えると、あらためてIさんには感謝しなければならないと思います。

地方課では市町村の境界問題や市町村職員の給与など勤務条件に関する仕事[7]を担当したのち地方制度の根幹である地方自治法について市町村に助言する仕事に就かせていただきました。

この係（行政第一係）では、当時横浜国立大学教授で我が国の行政法の第一人者と言われていた成田頼明教授を会長とする「大阪府地方自治研究会」[8]を担当させていただきました。このことが、私がその後さまざまな形で地方自治制度に関わるきっかけとなりました。

地方課では主事から係長までの七年間を過ごし、その後行政改革担当を経て課長（この時には市町村課と名称変更していた）として戻って四年、通算一一年間在職することになりました。

7　ラスパイレス指数という言葉をお聞きになったことはあるだろうか。これは国家公務員の給与を一〇〇として地方公共団体の給与水準を図る指数で、私がいたころはその上位一五〇団体を自治省が指定して計画的に引き下げさせる「個別指導」が行われていた。大阪の市はほとんどがこの上位一五〇団体に入っていた。

8　一九五一年発足、その時々の地方自治制度に関する諸問題について、行政法、行政学、経済学等の有識者において議論し提言いただく研究会で、我が国の地方自治制度の研究において大きな役割を果たした。二〇一〇年一〇月末日をもって廃止。

通常三年を基本として異動していくのが大阪府の基本的な人事ルールですが、私の場合は珍しく同じところに長く居続けることとなりました。その間には行政改革担当セクションに主幹から参事まで七年間在籍していますが、この経歴がその後橋下知事のもとで改革ＰＴ[9]長を拝命する要因の一つとなったと思います。

コラム１　大阪府の行政組織

私が入庁し、地方課で仕事をしていたころの大阪府の組織は基本的に部―課―係というピラミッド構造をとっていた。職制としては、部長級（部長、理事等）次長級（次長、副理事等）課長級（課長、参事等）課長代理級（課長代理、主幹等）、係長級（係長、主査）主事級と分かれている。人事用語では、上からM、N、O、P、Q、Rと称している。なぜ部長級がMで始まるのか定かではないが、「マネジャー」からとったとの説もある。

部長、次長等が組織の長でライン職と呼ばれ、理事、副理事等がスタッフ職と呼ばれる。主事―主査―係長―主幹―課長代理……とスタッフ職とライン職を交互に繰り返すことによって仕事の経験を積みながら昇任していくというのが、一般的に想定されているパターンである。

9　ＰＴはプロジェクトチームの略。

私が府庁での多くの時間を費やした地方課では、係長こそが「仕事の要」であるから、係長は自分の仕事について責任を負い、どうすることもできない事項だけを課長代理や課長に相談せよという「係長行政」が強調されていた。私の場合も自分で責任を持つと覚悟した事項については課長にも報告しないことがあった。一方そうした実質的な仕事の仕方とは少し異にするのが書類上の決裁で、これについてはどの段階まで「判」をもらうか、業務ごとに詳細に決められている。

こうして膨大な業務を執行しながら、特に高度な判断を要する問題については知事まで上げて相談することとなる。もちろん下から上への流れだけではなく、知事から、部長から、課長から、それぞれの部下へ指示が行われることもある。また急を要する場合は途中段階を飛ばして相談することもある。他の職場での経験はないが、大阪府の場合こうしたことは臨機応変、柔軟に行われていたように思う。

ただし、「飛ばした上司」には後できちんとフォローしないと痛い目に遭うことになる。

二〇〇八年二月に府知事に就任された橋下知事の下では、一年の間に改革PT、地方分権改革PT、庁舎移転PTという三つのPT長と総務部長を、二〇一一年一一月に就任された松井知事の下では総務部長から副知事というポストを経験させていただきました。

本書第一部では、二人の知事にお仕えする中で経験したこと、感じたことを通して、私が間近で見た「維新政治」について描いてみたいと思います。

ただ、現役中もこまめに記録を残すタイプではなかったし、退職後は現職時代ため込んでいた資料もほとんどすべてを廃棄してしまっていますので、時間的な前後関係や個々の発言等には事実と異なる点があるかもしれません。あくまで私の記憶にある、また私が感じた話ということでご理解いただきたいと思います。

地方自治制度との関わり

二人の知事の話の前に、維新政治に対する私の見方にも関係するので、私が関わった地方自治制度に関する仕事について二つの事例を紹介したいと思います。

(1) 岸昌知事――近畿圏構想

岸知事は、知事職を退くことを決意された際、やり残した仕事の一つとして「近畿圏構想」なるものの制度設計を当時の総務部長に指示されました。

府の地方自治制度の所管は総務部法制文書課から知事公室総務課に移っていましたが、知事は法制文書課のことが頭にあって総務部長に指示されたようです。しかし総務部長は、法制文書課ではなく、地方自治研究会も所管していたからか、その仕事を地方課長に下ろされました。

そして地方課長が検討を命じたのが、当時私が主査を務めていた行政第一係でした。知事から渡されたペーパは、さすが元自治官僚らしく手書きの縦書きで「一、近畿圏を設置すること。一、近畿圏は行政機関とすること」などと書かれていました。国ではこうして法案作りがスタートしていくのかと少しばかり感動したことを覚えています。

近畿圏構想の概要

○「近畿圏」は広域行政処理体制であり、総合的行政処理体制。
・府県相互間及び国と府県との調整機能を有する。
・国の地方出先機関を原則廃止し、その権限を吸収するとともに本省の権限も移譲される。
・府県域を超える広域行政で従来府県においては十分対応できていなかった事務を処理する。

○「近畿圏」は国の機関としての性格と地方自治体としての性格をあわせ有する。しかし、国からも府県からも独立した法人格を有する行政組織と位置付ける。

なお、近畿圏設置要綱案検討資料では「府県行政の内広域的対応を必要とする事務を処理するという点では府県連合的性格を有するが、『近畿圏』は、国から直接事務の移譲をも受けるものであり、単なる府県連合とは性格を異にする」という説明がなされており、現在の広域連合制度[10]を先取りしたものと言える。

知事が発想した「近畿圏構想」を、現行の地方自治法や、もっと言えば憲法を踏まえて具体化していくことが私たちに与えられた仕事となりました。しかし、この仕事は他言無用。知っているのは部長、課長、行政第一係長と私の四人だけです。したがって実際の業務は係長と私の二人で行うことになりました。

年末に指示を受け、年末年始の休みの間でそれぞれ考えをまとめて年明けから作業を始めるということになったのですが、私は休暇中は家業（精肉店）の手伝いやお屠蘇《とそ》気分で何もしていませんでした。年明け、係長は検討したペーパを用意されていましたが私は何もなく、「どうせ酒ばっかり飲んでたんやろ」とこっぴどく怒られたものです。

さて、この近畿圏なるものですが、よく言われる道州制ではないし、現在ある関西広域連

10 複数の普通地方公共団体や特別区が行政サービスの一部を共同で行うことを目的として設置する組織。地方自治の強化の一環として、一九九四年の地方自治法改正によって導入された。消防、上下水道、ゴミ処理、福祉、学校、公営競技の運営などの事務を共同処理する点は一部事務組合と同じだが、直接国等から権限移譲を受けることができるなど広域調整をより実施しやすい仕組みとなっている。

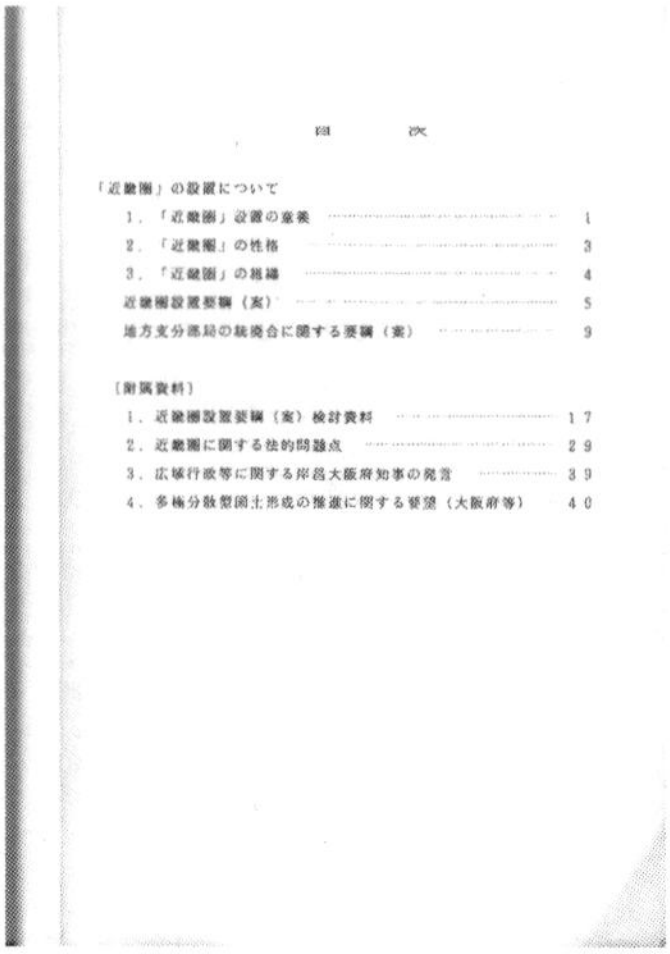
目次

近畿圏構想の検討結果をまとめた冊子（提供：小西）。

合[11]のようなものでもありません。都道府県と国の出先機関の仕事の一部を担う行政機関で、岸知事は「国から都道府県への権限移譲と言っても、国の役人は都道府県を信頼していないので進まない。だから国の出先機関と併せた行政機関を作って、そこへ権限を移譲させるのだ」と言われていました。私たちの持っている知識では都道府県の一部事務組合のような形態しか思い浮かびませんでしたが、知事のお考えはそれとはまったく異なっていたのです。知事から指示を受けてから一年後、ようやく私たちの作業もまとまってきました。

知事に報告し了解を得るとともに、知事から

11　近畿地方（関西）の六府県と鳥取県・徳島県と四政令市が地方自治法の規定に基づいて設立した特別地方公共団体（広域連合）。広域連合は地方自治法の規定に基づいて多数設置されているが、複数の都道府県によるものは全国初。

は検討結果を冊子にまとめること、しかし、公表はしないで保管することと指示されたため、一〇〇部を印刷し、通し番号を振って厳重に保管することとしました。

ところが、知事が年始のインタビュー番組の録画撮りで「近畿圏構想」に言及されるという、私たちにとっては予期しない事態が生じました。

知事にすれば最後の仕事と位置付けられていたのだから、当然どこかで明らかにすることを考えておられたのだと思います。私たちとしては急遽概要を一枚のペーパにまとめ、議会の主要メンバーに事前報告をすることになったのですが、この急ぎの作業の中で大きなミスが生じました。「近畿圏構想」は都道府県を前提として設置することになっていたのですが、当初は知事の意図がよくわかっておらず都道府県を廃止して設置するものではないかと議論していたため、まとめのペーパで「都道府県は廃止する」と記載してしまったのです。

すぐに訂正しましたが、世間には二つのペーパが出ることとなってしまいました。このため、次の府議会において、共産党が「近畿圏構想の真の狙いは都道府県の廃止にある」と知事を追及することになってしまったのです。知事には私たちのミスで痛くもない腹を探られることになったとお詫びしましたが、知事は「わかりました」と言って平然とされていました。

厳しく叱責されることを覚悟していた私たちにとっては拍子抜けともいえる反応でしたが、たぶん「近畿圏構想」という壮大なビジョンからすれば、これぐらいのミスは大した問題ではないと泰然とされておられるのだと、あらためて知事の思いを知ることとなりました。

（2）太田知事―新都機構

太田房江[12]知事の下では、市町村課長として市町村合併（「平成の大合併」と言われている）と堺市の指定都市移行を担当することになりました。

大阪府地方課は従来、市町村合併については市町村が自ら判断することであって、大阪府からの積極的な働きかけはしないということを基本的なスタンスとしていました。しかし当時、国においては、国の財政負担を軽減するため交付税を削減することが課題となっており、また地方分権を進めるためには基礎的自治体の行財政基盤を強化することが急務であるという正論とあわせて、市町村を合併して効率化を図るべしとされていたのです。このため、合併する市町村にはさまざまな財政上の特例措置が講じられ、都道府県には合併のパターンを示す「市町村合併推進要綱」を策定し「市町村合併支援本部」を設置することが求められました。

地方分権の前提として位置づけられた市町村合併が国の主導の下で進められるというのは極めて皮肉なことですが、大阪府においても私の前任課長の時代に要綱が策定されました。私が課長になってからは、この要綱に基づき市町村に問題提起をして検討を促すことが課題となっ

12　一九七五年、旧通商産業省入省。岡山県副知事、大臣官房審議官などを経て、横山ノック前知事の辞任に伴う二〇〇〇年の大阪府知事選挙において当選、日本初の女性知事となった。二〇〇八年、任期満了により大阪府知事を退任。二〇一三年七月の参議院議員通常選挙において当選。第三次安倍第一次改造内閣で厚生労働大臣政務官に就任。二〇一八年再選、第二次岸田改造内閣で経済産業副大臣兼内閣府副大臣、原子力災害現地対策本部長に就任。

たのです。このため、府内の地域ブロックごとにシンポジウムを開催し、私や市町村の首長、地域団体の代表者や学識経験者をパネラーとするシンポジウムを開催していきました。

最初に合併に取り組んだのは高石市と堺市でした。しかし、市長選と同時に行われた住民投票によって、そのいずれにおいても合併賛成派が敗北し、頓挫しました。その後府内では、市町村合併を進めようと議会の議決を経て設置する法定協議会が六か所で設けられたのですが、住民投票で反対多数となったり、反対派が選挙で勝利したりで、五つの協議会では合併は実現しませんでした。

大阪で唯一成功したのは堺市と美原町の合併ですが、これは指定都市を目指す堺市が並々ならぬ覚悟で推進したことによるものでした。それまでも長きにわたって堺市は指定都市への移行を切望していましたが、人口要件等からなかなか現実の課題となりえていませんでした。しかし、今回は国の大方針である市町村合併を実現したため、大手を振って国へ要望できる状態となったのです。

指定都市は、地方自治法上は「人口五〇万人以上で、政令で指定する市」としか規定されていませんが、国においては先行の大阪市や京都市等の指定時の状況と遜色ないこと（このため人口は概ね一〇〇万人とされていた）や都市的要件、あわせて当該市が要望するだけでなく、都道府県も指定都市への移行を要望することが求められていました。具体には議会の要望決議を踏まえた知事による要望書の提出が必要だったのです。このため府議会においても堺市選出議員から堺市を応援するようにとの質問がなされ、太田知事も積極的に支援する旨の答弁をされました。しかし太田知事は、本音では大阪市のほかに指定都市ができることに疑問を感じておられたのだと思います。このため、堺市の指定都市移行を支援する一方で、都制度について検討することを指示されました。その際にはしかるべき専門家の意見を聞くこととされましたので、私が課長として所管していた「大阪府地方自治研究会」でその仕事を引き受けることを提案し、知事の了解を得ました。

コラム2　指定都市の要件と指定の手続き

指定都市について、地方自治法には「政令で指定する人口五〇万人以上の市」と規定されているが、総務省の資料を見ると、「政令指定の要件としては、法の文言では人口五〇人万以上とのみ規定されているが、立法の経緯、特例を設けた趣旨から、人口その他の都市としての規模、行財政能力において既存の指定都市と同等の実態を有するとみられる市が指定されているところ」とされている。「既存の指定都市と同等の実態」とは、具体的には人口がおおむね一〇〇万人であること（少なくとも近いうちに一〇〇万人を展望できること。この人口要件が平成の大合併の際には緩められたと言われているが総務省は認めていない）のほか、第一次産業就業者比率が一〇％以下であること、都市的形態・機能を備えていることや指定都市移行に関して府県と市の意見が一致していることなどが求められているとされる。

中核市の場合は地方自治法に、指定は市の申出に基づくこと、申出をするときは市議会の議決を経て都道府県の同意を得ること、同意にあたっては都道府県議会の議決を経ることが規定されている。指定都市においても法律上の規定はないが、両議会を含めた府市の合意が必要となるわけである。実際、堺市の指定都市移行に際しては、府から市に移譲される事務の調整（地方自治法には移譲される事務の規定があるがそれに関連する事務をどこまで移譲するのか）や財政負担の問題など、当時課長として多岐にわたる調整を行った。

この指定都市の要件に関しての失敗談がある。

まだ私が行政第一係の主査の頃のことだ。その頃から堺市は指定都市への移行を目標として掲げていたが、それに関連して共産党控室から指定都市の要件等についての資料要求があった。当時は共産党への資料提供は総務部次長の許可を得ることとなっていたが、私はうっかり失念して提供してしまった。後で気がついて、これから提供するという体で次長室に行ったが、察知されたのか、「こんな資料を提供したら現職市長に不利になる。直ちに取り返して来い」と激怒された。係長と二人、「どこにでも書いていることやのになあ」とぼやきつつ共産党控室へ。

「先ほどの資料一部返して欲しいんです」

「もう本部へ送ってしまったで」

「それでもええんですわ。要件のところ切って返して下さい」

担当者はいい人で、言った通り一部を切って返してくれたので、何の意味もなかったがとりあえず一件落着した。

◆◆◆◆◆◆◆◆◆◆

太田知事による「都制度について検討すること」、「その際にはしかるべき専門家の意見を聞くこと」という仕事を引き受けることとなった大阪府地方自治研究会においては、成田頼明会長の下議論が進められ、中間報告では大阪市を廃止する、いわゆる東京都型の都構想を発表しましたが、最終報告では大阪市を廃止することのない都構想、すなわち「新都機構」を発表するに至りました。

この報告で示された「新都機構」とは、以下のようなものでした。

①大阪府を廃止し、大阪都市圏における総合的な計画・調整機能を主として担う、新しいタイプの広域連合として「新都機構」を設置する。

②「新都機構」の策定する共通政策に市町村の意見を反映するため、市町村の代表で構成する「評議員会」を設置する。

③広域的な事業を実施する「新都広域法人」を設置する。

これは大阪維新が掲げるような、基礎自治体の弱体化を図る「都構想」とはまったく異なり、

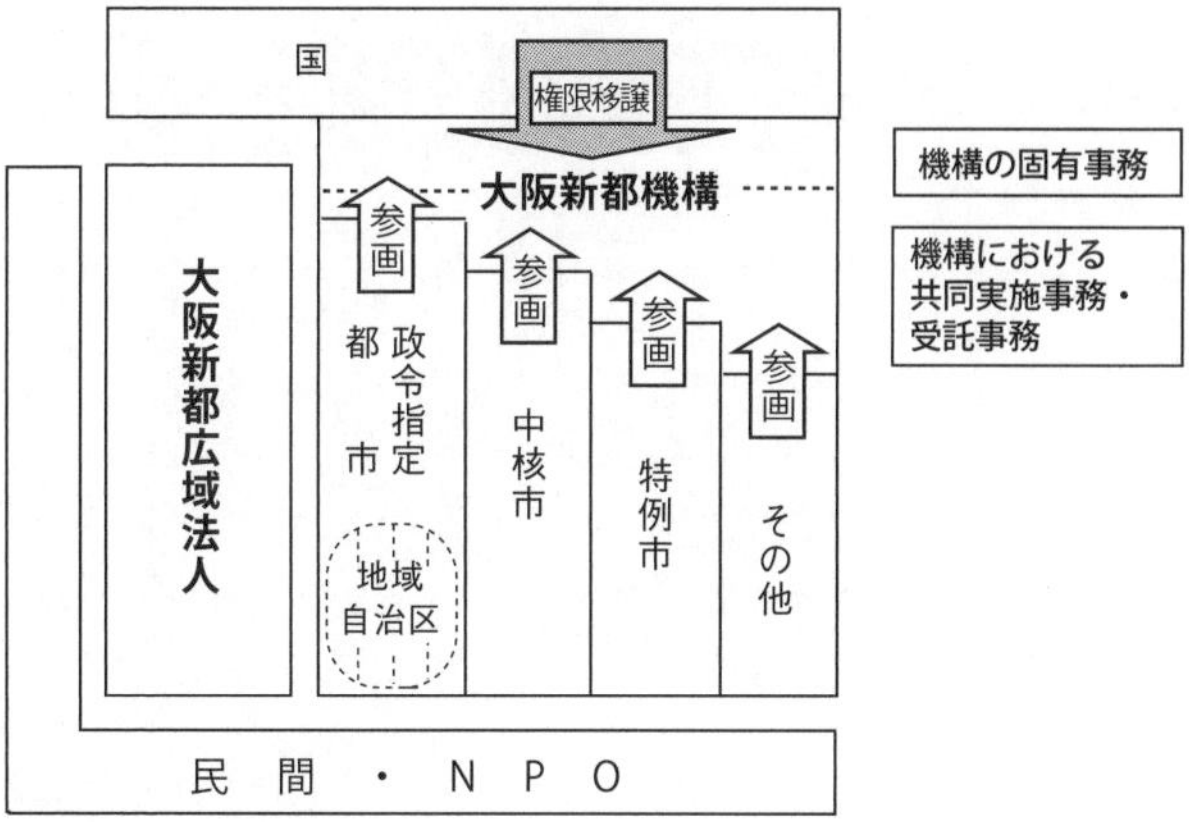

「新都機構」についての概略図。

広域行政の運営に市町村が参画する、市町村重視の地方分権の流れに合致する提言でした。大阪府が示した見識ある考え方であり、そのお手伝いをさせていただいたことを今も誇りに思っています。
市町村課長として「新都機構」の検討等の仕事を終えた後は、東京事務所での二年間の空港担当を経てから、大阪に戻ってきて商工労働部の産業労働企画室長となりました。橋下知事が誕生したのは、それからしばらくたってからのことです。

橋下知事登場前夜

太田知事が三選出馬を断念した二〇〇八年一月の知事選挙に、「行列のできる法律相談所」（日本テレビ）で「茶髪の弁護士」として名をはせていた橋下氏が出馬するという話は、横山ノック[13]知事を経験していた大阪府職員も驚かせました。

『朝日新聞』朝刊一面トップに「大阪府『赤字隠し』2600億円」という大見出しの記事が掲載されたのはそんな矢先、前年一二月三〇日のことでした。財政危機に陥った大阪府が「減債基金」という地方債償還のための貯金から借り入れを行い、その借り入れを継続するために借換債の増発を行っていたこと[14]を報じたものでした。私はかつて市町村課長を務めていた際に、財政担当の職員から「大阪府は大変なことをしている」として教えられていたので既知の事実でしたが、こ

2007年(平成19年)12月30日 日曜日

大阪府「赤字隠し」2600億円

府債返済を先送り

再建団体回避狙う

04～06年度

「不適切だが違法でない」幹部

大阪府の赤字隠しについて報じた新聞記事。

13 漫才師として活動後、一九六八年に漫画トリオを解散し、参議院議員選挙に無所属で立候補、当選。その後も全国区で一回、大阪府選挙区で二回の当選を重ね、一九九五年に大阪府知事選挙に立候補、当選。一九九九年、再選。二〇〇〇年八月、強制わいせつ罪により懲役一年六か月・執行猶予三年の有罪判決。

14 通常、地方債は一〇年で償還され、一〇年目には三分の二、二〇年目には三分の一を「借換債」として発行し、三〇年目には実質全額償還されるという運用を行っている。大阪府においては減債基金からの借り入れを継続するため借換債を一〇〇%発行し、償還財源を確保するということを行っていた。まさに借金返しのための借金になる。

のことを知っている府職員は財政課職員などごく少数であったと思われます。[15]

それはともかく、橋下氏が最初に出馬した二〇〇八年の知事選挙において、大阪府の財政再建が重要な争点としてクローズアップされることとなったのは当然のことでした。

当初はどこから情報が漏れたのだろうというぐらいの思いで記事を読んでいた私が、その後嵐のような「橋下劇場」に巻き込まれ重要な脇役を演じることになるとは、この時は思いもよりませんでした。

15　二〇〇八年四月、橋下知事の下で発表した「財政再建プログラム試案」（いわゆる改革ＰＴ案）には、橋下知事の指示により当時の担当者からの聞き取りを行った結果を「借換債増発の経緯」として次のようにまとめている。
「借換債の増発は、平成一〇年の財政再建プログラム策定過程で緊急避難的に盛り込まれたが、その後さらに財政状況が悪化し、一六年度当初予算で実行された」、「その際、総務部長、副知事にもきちんと説明していない」。

第一章　財政再建

財政非常事態宣言

橋下氏が五〇％を超える得票率で当選した後、二〇〇八年二月五日、初めて橋下知事を迎えた大阪府職員が聞かされたのは、「君たちは破産会社の社員だと思え」という強烈な一言でした。

知事からはその日のうちに「財政非常事態宣言」が発せられました。

大阪府財政非常事態宣言[16]

・大阪府は、府債を返済するための基金からの借入れや通常よりも多い府債の借換えにより、財政再建団体への転落を防いできました。

16　大阪府ホームページ「大阪府財政非常事態宣言」（https://www.pref.osaka.lg.jp/zaisei/13sengen/index.html）。

・しかし、こうした手法は、負担の先延ばしでしかありません。これらの手法と決別しなければ真の再建はできません。
・このため、「財政非常事態」を宣言し、全ての事業、出資法人及び公の施設をゼロベースで見直します。
・そして、「収入の範囲内で予算を組む」という原則を平成20年度予算から徹底します。

知事が示した財政再建とは、「収入の範囲で予算を組む」という原則を平成二〇年度（二〇〇八年度）の予算から実施するということでした。

これは具体的には、①減債基金からの借り入れを行わない、②赤字予算を組まない（予算は収支均衡で作成することが義務付けられており「赤字予算」というのは形式上ありえないのですが、歳入不足が予想される場合雑入を膨らませ最終決算で赤字になることを織り込んだ予算編成を行っていました）、③借換債の増発は行わない、ということです。

これらを実行するためには、年間一一〇〇億円の収支改善を行わねばなりません。前年末に報じられた衝撃的なニュースは、こうして橋下劇場のお膳立てをすることになったのです。ニュースの情報源が不明だったこともあって、後にあの記事は橋下劇場を仕立て上げるために仕組まれたものではないかという憶測を生むことにもなりました。

橋下氏は知事就任後、ただちに各部局長から懸案事項のヒアリングを始めるとともに、財政再建と政策構築の二つのプロジェクトチームを編成する考えだということが報じられました。私は、前述したように前年四月から商工労働部の産業労働企画室長に就任していました。この室長は四つの課を担当していましたが、それぞれに理事、副理事や部次長がいるため、はっきり言って暇なポジションでした。私はそのことを公言してはばからなかったので、ひょっとしてお鉢が回ってくるかもしれないとひそかに思っていたところ、総務課長から「部長がお呼びだ」と声をかけられました。

部長室に行ってみると次長も待っていたので、改革担当の内示（人事異動の正式発令の前に内々に内容を伝達される）を確信したわけです。部長から、

「改革プロジェクトチームのチーム長になってくれ。発令は連休明けだが連休中も知事は部局ヒアリングをするので出勤するように」

と告げられ、怒涛の日々がスタートすることになりました。その日は、これから忙しくなるだろうからという部長の心遣いで、限られた人数で「送別会」を開いてもらいました。しこたま飲んで翌日財政課へ出勤した私は同僚から「えらい臭いぞ」と言われたのですが、なんと知事が昼食を一緒にしたいと言っているという思いがけないオファーが。二日酔いなのでと断ることもできず知事室に行った私は、簡単な自己紹介ののち弁当を共にしました。随分酒臭かったのではないかと思うのですが、知事は嫌な顔もせずにこやかに対応してくださいました。部局ヒアリングに臨んだ部局長の多くも、テレビで見る橋下氏と違って丁寧にあいさつする姿に

拍子抜けしたと言っていましたが、私もその時は同様の感想を抱きました。

ところでこのヒアリングに財政課でも行政改革担当でもない私が参加したことは、極めて不自然なことでした。誰が改革PT長になるのかはマスコミの重大な関心事であったと思いますが、そのことに気づいた記者はいなかったようです。

改革PT始動——賞味期限との闘い

二〇〇八年二月一三日、改革PTが発足しました。

メンバーは総務部副理事[17]の私の下に、事業見直しを行う財政課、青少年会館や体育会館などの施設見直しと出資法人、主要プロジェクトを所管する行政改革室、職員給与を担当する人事室など関係課の職員が集められ、総勢一一人でスタートしましたが、それぞれの課の職員が関わってくれるので、実態的には総務部を挙げての取り組み体制ができあがったと言えます。

私はそれまでも何回か行財政改革計画の策定に携わってきましたが、これは経験したことのない取り組みとなりました。それまでの行政改革の取り組みは、ほぼ一年をかけて改革案を練り上げ、案は各部局と調整したうえで各部局長が出席する行政改革推進本部で了解を得て発表

17 改革PTという正式の組織名はなく、私の発令上の職名は総務部副理事であった。

し、議会でご議論いただくというものでしたが、橋下知事から指示されたのは、以下のような驚くべき作業方法・作業工程でした。

○改革は二〇〇八年度予算から実行する。
○このため七月までの暫定予算を編成して、七月に改革を盛り込んだ本予算を臨時議会に提案する。
○まず改革PTとして、部局との調整をすることなく案を作成して欲しい。
○PT案を基に、PTと部局長で議論をする。議論は公開する。

目標は二〇〇八年度予算で一一〇〇億円の収支改善を図ることだったというのは先述した通りです。大阪府の一般会計の予算規模二兆数千億円からすると大した数字ではないと思われるでしょうが、実は大阪府の予算の多くは府債の返還や、国で定められた社会保障経費や人件費などいわゆる義務的経費で、二〇〇八年予算ベースで事務事業の見直し対象事業の一般財源[18]は二二二五億円にしか過ぎませんでした。つまり、「一一〇〇億円の収支改善」とは、見直し

18　税や地方交付税のような、使途の制限のない自由に使える財源。国庫補助金や地方債などは使途が特定されているためそれを財源とする事業を削減しても他に回すことはできない。一一〇〇億円の収支改善は一般財源ベースで行う必要がある。

可能な事業の半分を切る規模の、至難の業であったのです。しかも七月本予算提案から逆算すると、四月上旬までのわずか二か月あまりでＰＴ試案を取りまとめる必要がありました。
　毎日残業、休暇なしの生活がここから始まりました。とりわけ大変だったのは財政課の職員だったと思います。財政課では新しく選出される知事にすぐに説明できるよう二〇〇八年度当初予算案を作成していましたが、橋下知事の出現でこの予算案は幻の予算案となりました。そのうえで、事務事業の見直しで事実上再度の予算編成を行い、かつ七月までの暫定予算案を策定したのです。六月には七月臨時議会に提案する本予算案を編成したので、二〇〇八年度予算については計四回の予算案を作成したことになります。

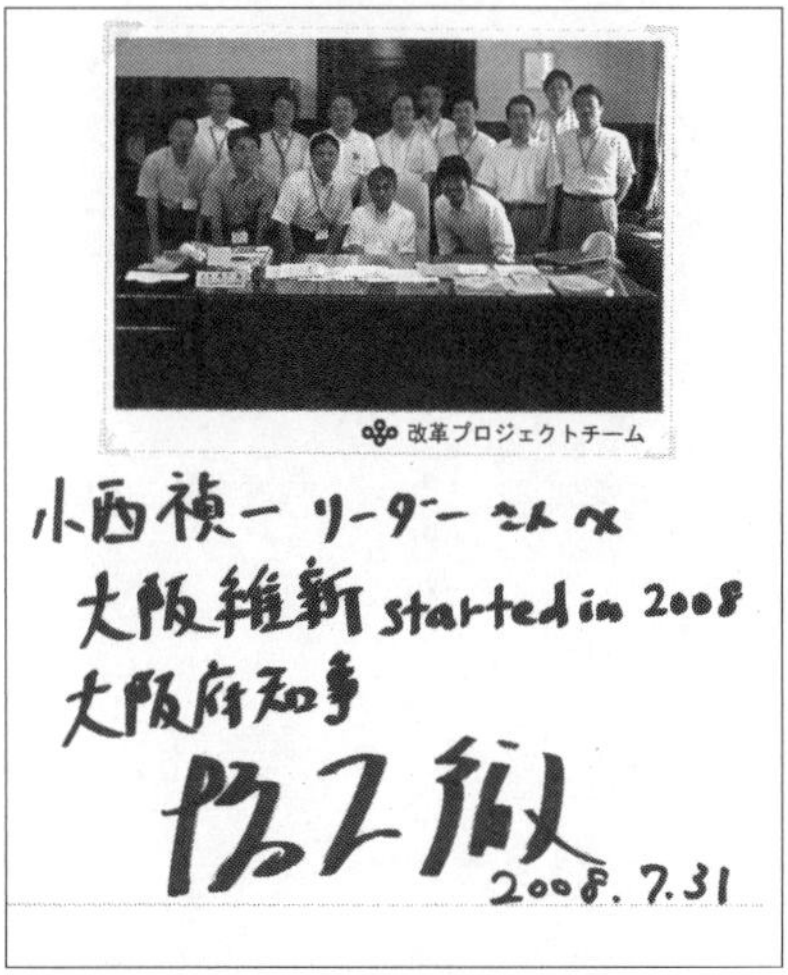

橋下知事とＰＴとの記念写真（提供：小西）。

　二〇〇八年度から直ちに改革に着手するということについて、ある時知事から、「なぜこんなに急ぐかわかりますか。私の賞味期限はそんなに続かないからですよ。私の賞味期限が切れる前に改革を実行する必要があるのです」という話を聞かされました。その後も「賞味期限」という言葉をしばしば耳にすることがありましたが、テレビ界の人間として拍手喝采がいつまでも続かないことを身に染みて感じているからゆえの発想であり、危機意識だったといえると思います。この世論に極めて敏感な政治手法が、その後の維新の「マーケティング政治」[19]に繋がっていったと思うのですが、この点についてはのちほどもう一つのエピソードを紹介したいと思います。

毎週土日は施設視察――知事からのメールの受信義務

ＰＴ試案の作成が進む一方、土日には知事が府の施設を視察し担当職員と意見交換するという日程が組まれました。知事からは「ＰＴメンバーの誰かがついてくればいい」と言われましたが、そうもいきません。視察には多くのマスコミが同行するし、そこで知事が何を言うのか、一言一句聞き逃すわけにはいかないからです。

私は毎週土日、知事の視察に随行することになりました。第一回目の視察は「なみはやドー

19　橋下徹『大阪都構想＆万博の表とウラ全部話そう』二〇二〇年、プレジデント社。「政党・候補者側もバカじゃない。自分たちが行っている（委託している）世論調査を通じて有権者の意向を把握するように努力している。そのノウハウも日々レベルが上がっている。それをポピュリズムと批判しようが、民主政治において有権者の意向を無視する政治行政などあり得ない。今の政治は有権者の意向をリサーチする「マーケティング政治」になりつつあるんだ」（一一一頁）。

ム」。[20]視察前日、もう一つのPT長から「知事から経費や職員人件費の資料を用意するようメールが入っている」と連絡があり、急遽施設の担当職員に連絡して資料の準備をしてもらいました。

迎えた当日、視察後の職員との意見交換は冒頭のみプレス公開の予定だったので、冒頭の撮影終了後に「マスコミの方はご退出してください」とアナウンスすると、知事が「なぜ？　公開してください」と。担当の職員は予期せぬ展開に緊張状態が上限に達する有様で、その後の意見交換は惨憺たるものとなってしまいました。後で私からその職員にお詫びの電話をすることとなったのですが、今考えると府の職員が公開の討論に慣れていく第一歩がこの場面だったと思います。

視察終了後、次の施設に移動する際、私も知事車に同乗させてもらうことになりました。その車内で前日のメールの顛末を報告したところ、週明けには全幹部職員に「皆さんは私のメールの受信義務がある」というメールが一斉送信されました。知事のメールは当然のことながらそれぞれの職場のパソコンに送られてくるため、いつでも受信できるようにするためには個人の携帯電話への転送措置を講じておく必要があります。情報セキュリティ上転送は禁止されて

20　一九九六年開館。「なみはやドーム」は当時の愛称（現在は「東和薬品RACTABドーム」）。正式名は大阪府立門真スポーツセンター。府立のプールでシンクロスイミングの日本代表チームの練習場にも使われていた。また冬季はスケートリンクになりアイスショーにも使われる。

いたのですが、そんなことを言える状況ではありませんでした。

その後は大げさに言えば四六時中知事からメールが送られてくるという状態になり、夜中でもメールに対応せざるを得ないこともありました。また知事のメールは時に非常に長く、当時の携帯電話では読み取ることができずにパソコンに転送して読むということもありました。そのうち知事も気を遣って「返信不要」とされるメールも送られるようにはなりましたが。

このメール転送については、職員同士の打ち合わせ中に全員の携帯の着信音が一斉に鳴ると、「知事からや。話続けよか」という笑い話のような現象も生み出されました。

知事との議論――「公務員は採算性を身につけることができるか」

改革PT案は、まとまってから知事に報告するのではありません。対外的にはPTのみで作成しその後部局との議論を経て最終的に知事が決するということになっていましたが、実際にはその都度知事に報告し議論するという日々が続きました。

知事から「これはどうか」と問題提起されることもあり、週に三、四回は知事とお話させていただいたように思います。そんなある日、知事との議論を終えて部長たちと一杯やっているところへ、「今どこにいるのか」と知事から電話がかかってきました。〝場所言わんといて〟と私は思いましたが、電話を受けた部長が言ってしまったため、知事は「今から行く」と。

店に入ってきた知事はグラスを合わせるや否や、「公務員は民間の採算性の感覚を身につけることができるのか？」と問われました。〝わざわざ時間外に飲み屋に来てまで話さんでもえやろ、私ら一服しているのに〟と思いながら、「日常の仕事で身につけることはできないだろうが、意識的にそうした感覚を習得していくのは可能なのではないか」といった話をしたように記憶しています。ところが、知事は私の回答に納得されなかったのでしょう。翌日部長と私は、再度知事室に呼ばれ、その話となりました。

当時橋下氏は二四時間仕事のことを考えていると言われていましたが、先の深夜のメールやこの時の話はそれを裏付けています。実際行政のことはほぼ素人でしたから、必死で勉強されたり知人にアドバイスを求めたりされていたのではないかと思います。

さて、この時の公務員と採算性の話、知事は公務員には無理だと考えておられるようでした。採算性の切り口で言えば、民間のほうが優れていることは当然ですが、行政はそもそも利益を上げることを目的とはしていません。しかし知事はそのことをもって「公より民が優れている」と結論づけられていたように思います。それがその後の職員基本条例につながったのかどうかは定かではありませんが。

改革PT試案発表――「切るのがミッション」

いよいよ改革PT試案を発表する時がきました。

正式発表は四月一一日ですが、その前日に記者ブリーフィングがあります。情報管理を徹底するため、各部局への試案の提供も前日の朝一番から。同日一〇時から府議会の各会派への説明。プレスブリーフィングは一六時からです。

作業はぎりぎりのスケジュールで進められていたため資料を印刷に回す余裕がなく、前日の夜から庁内の使えるコピー機を総動員することとなりました。しかし、あまりの数をコピーするものだからコピー機のほうが音を上げてしまう。そうすると次のコピー機を探して庁内を走り回るという、本当に前時代的なことをやったものだと思います。一〇日の午前三時頃、同日に議会説明や記者ブリーフィングを担当する私と財政課長は帰らせてもらいましたが、他の職員は徹夜敢行となりました。わずかな仮眠をとって登庁してきた私の前に刷り上がった資料が積み上げられましたが、手に取るとまだ温かく、まさに「できたてほやほやの資料」でした。正式発表の前日に、議会やプレスと同時にようやく資料を提供される各部局からは大いに不満が出ましたが、ほやほやの資料を示して「ほんまにギリギリやったんやで」と言いわけに使えたのは「けがの功名」と言うべきか。

改革PT試案は、翌一一日の部長会議で正式発表となりました。

部長からは「どういう哲学でやるのか見えない」、「改革は理解するが、府民の命や生活を削ることのないよう議論したい」、「切る理由として『他の都道府県はやっていない』というのは禁句だ。オンリーワンの魅力がなくなる」、「切るにも理念が必要。ない袖は振れないというだけでは府民を説得できない」など、厳しい意見が続出しました。これまで数次にわたる行政改革を行い、そのなかで必死になって府民に応える施策展開を図ってきた部長にすれば当然すぎる意見だったと思います。

大阪府では一〇年前にも太田知事の下、今回と同じ「財政再建プログラム」という名称の計画を策定しています。この計画には相当の時間をかけ、部局ともじっくりと議論を重ねて施策・事業の再構築を図ろうという意図をもって作成されたものだったので、私たちの突貫作業による改革PT試案はあまりに乱暴に見えたのだと思います。

加えてこの時は政策構築を別のチームが担っていたこともあり、私たちの任務は一一〇〇億円の収支改善を図ることにあるといった説明をするのが精一杯でした。この時の私の発言が、翌日の新聞では「私のミッションは切ることだ」として報道されることとなりました。[21]

部局長会議でもう一つ問題になったのは、その後の改革PTと部局長との公開討論でした。

21　二〇〇八年四月一一日付『朝日新聞』夕刊。

部局長からは、「公開で行われるためスタンスの取り方が難しい。それぞれの施策・事業には関係者がたくさんおられる。その方々を意識し、あるいは代弁して試案に反対する姿勢を示す必要があるが、あまり強く反発すると着地できなくなる」という当然の悩みが率直に示されました。しかも知事が両者の議論を傍で聞かれるという、知事に採点されるような形になっていることも部局長には大きな不安だったと思います。

改革PTと部局長の公開討論は、四月二三日から五月一日まで続きました。職員には相当のストレスがかかったものと思います。実際、体調を崩す職員も出てきました。いろんな不満、不安があったでしょうが、腹を括って公開討論に臨んでいただいた部局長や担当職員のみなさんには本当に頭の下がる思いでした。

一方この時の経験が、その後大阪府職員があらゆる会議をテレビ取材されることに慣れていく大きなきっかけとなったと思います。橋下改革の予期しない効果の一つだと言えるでしょう。

議論と反発を呼んだPT試案

PT試案をめぐっては策定前から、また、発表後もさまざまな議論や反発を呼びました。その主なものを三つご紹介します。

（1）公の施設の廃止

ＰＴ試案のなかで著名人を巻き込んで大きな議論となったのが、府の各種施設を巡る改革案でした。知事就任前、橋下氏が府職員との協議のなかで「今の財政状況では、二つの図書館以外はすべて不要」と発言したことが報じられており、先述した知事との各施設の視察は、そうしたなかで進められたのです。

「ドーンセンター」[22]の視察では、「この建物にこだわる理由が今のところ見出せない。売れば相当な金額になる」との発言が飛び出しました。あるいは青少年会館の視察では、施設を管理する民間団体の職員から、それまで管理していた府の外郭団体の職員がつなぎとして入っていることについて「私たちより高い給料をもらっているが端的に言ってじゃま」というハプニング発言が飛び出したこともあります。橋下知事が視察後、「青少年会館の人件費の話は衝撃だった。民間は安いお金で頑張っている。出資法人にメスを入れなければならない」と語ったことが報道されています。

職員との議論を公開し、そこで見えたこと、感じたことから直ちに改革案を発信するやり方は、マスコミの効果を知り尽くした橋下流のアドバルーンの揚げ方であったと思います。

22　一九九四年開館。ドーンセンターは愛称で、当時の正式名は「大阪府立女性総合センター」（現在は「大阪府立男女共同参画・青少年センター」）。

大型児童館「ビッグバン」[23]は、松本零士さんが子どもたちに夢を与えようと描かれたイメージデザインを基本モチーフとして設計された、宇宙船型の施設です。橋下氏は以前より「この施設が私の政治活動の出発点になった」ということを言われていました。橋下氏は「ビッグバン」視察の際、松本氏に直接「この設計をしたのは誰なのか」と聞いたうえで、「この形でなくても遊べる。費用対効果も検証をしたのか」といった質問をされました。四角いビルディングのような建物でいいというのが知事の意見でした。

結局、PT試案においては二七施設のうち八施設[24]を廃止することにしましたが、実はこのなかに「ドーンセンター」と「ビッグバン」は入っていません。「ドーンセンター」は廃止する青少年会館の機能を集約すること、「ビッグバン」は大型児童館は都道府県しか設置できないということに加えて、いずれの施設も建設の際に発行した地方債の残債（借金の未返済分）が多く、廃止すると繰り上げ償還する必要があったことが存続する理由となりました。橋下知事にも、残債があるなら存続やむなしということでご納得いただきました。

23 一九九九年開館。
24 弥生文化博物館※、体育会館※、臨海スポーツセンター※、青少年会館、現代美術センター、文化情報センター、総合青少年野外活動センター、国際児童文学館。※その後財政再建プログラムにおいて存続することとなった。

（2）救命救急センターの予算削減

救命救急センター運営関係事業の見直しは、以下の二点を提案しました。

○大阪赤十字病院と三島救命救急センターに対する府の補助金の廃止。
○府立の泉州救命救急センター、中河内救命救急センターの運営委託費[25]の一〇%をカット。

救命救急センターの医師からは、「ぎりぎりの予算で運営しており、これ以上の削減は患者さんにとっては死を意味する」との批判がなされましたが、PTもやみくもに予算削減を示したのではありません。他の民間の救命救急センターへは府の補助がないことや府立のセンターについては他のセンターとの比較でコスト高になっていることから削減案を示したものです。PT内においても、救命救急センターに係る予算は府民の命に直結するので、その削減には否定的意見がありました。しかし「聖域なく見直す」というのがPTの基本方針であり、PTとしては施策の優先順位づけを行わない、PT試案を示して部局との議論を通じてもっとも妥当な案を採用しようというスタンスで臨んでいたのです。

担当の健康福祉部からはこの予算の削減がいかに救命救急センターの運営を困難にするかと

25　泉州救命救急センターは泉佐野市に（市立病院がセンターに併設されていた）、中河内救命救急センターは府保健医療財団に委託されていた。

いう話とあわせて、できるだけの削減を行うとして、使える機器はギリギリまで使うなどの涙ぐましい努力案が示されました。しかし、一一〇〇億円の収支改善が絶対目標であるPTも、簡単に引き下がることはできません。

この問題に決着をつけたのは、PT試案から府の財政再建プログラム案に引き上げる最終段階において橋下知事から示された、「いのち、障がい、治安には配慮したい」という一言でした。PT試案発表後のPTと部局との議論、最終盤での知事と部局との議論やマスコミの反応など、あらゆる状況、情報を見極めて、最後の判断を示されたものと思います。それはある意味当たり前の判断ではありましたが、さまざまなプロセスを経たうえでそこに到達するというやり方が、橋下改革が多くの府民に支持された理由の一つではないかと思います。

(3) 政令定数外の警察官定数の解消

PT試案の特徴は、警察組織についても例外なく見直しを行うということでした。

給与削減は警察官についても同様に行うほか、個別の事業についても削減案を提示する必要がありました。警察官の定数は国の政令に基づいて定めており、職員の給与についても国において財源措置がなされていますが、その枠外にあたる定数がありました。これは、もともと道路交通法に基づいて一般職員として配置されていた交通巡視員をその後警察官に身分切り替えしたものであり、その財源はすべて府が負担することになっていました。その数五二〇人。P

T試案では二〇〇九年度にはその三分の一（二六〇人）、約一〇億円を削減、三か年で〇にするという案を示しました。

警察本部との公開討論では、刑法犯認知件数ワーストワンなど大阪の治安状況の説明が行われ、警察官定数の削減は到底受け入れがたいとの主張がなされました。討論終了後マスコミに取り囲まれた私に、現在ある朝のテレビ番組のキャスターを務められている記者から、「PTは大阪の治安状況についてどのような認識なのか」と聞かれました。もちろん厳しい状況にあることは府の幹部職員として当然承知していることでしたが、そのことと単独定数がどのような関係になっているのかについてはあくまで部外者である私が承知していることではありません。そこで一瞬考えたうえで、「PTとして大阪の治安状況についての認識を持っているわけではない。PTとしては可能な限りの削減案を示しているのであり、警察本部との協議を通じて何が可能かを見出したいと考えている」と答えました。

まずは目一杯の削減案を示し、部局との協議を通じて「妥当」な案に着地していくというのがPTの仕事であったわけです。PT案からの修正については、PTから知事に申し上げることもあったし、知事から指示されることもありました。

警察については、かなり抵抗が強かった給与削減[26]は行う一方、単独定数の見直しは行わな

26　警察官の内警視正以上は国家公務員であるため、府の給与削減は府警察本部の幹部には適用されない。このため府職員である警察官のみ給与削減を行うことは組織の一体性を損なうこととなるため強い抵抗があった。

いこととなりました。これも最後は知事の「治安に配慮」の一言で決まったわけですが、その間、知事と警察本部長の間でどのような話がされたのか、私たちの知るところではありません。

知事との議論とNHKの密着取材——カメラは知事室には入れない

公開討論終了後、PT試案を府案にまとめ上げる作業が始まりました。

この期間が、PTにとっては本当の意味で正念場となります。一一〇〇億円の収支改善の目標は絶対命題、それを実現しつつ部局の意見をどう取り入れていくか。知事とも連日のように議論が続きました。

この改革PTと知事との議論の様子を、NHKが密着取材していました。同年、NHKスペシャル「何を削り　何を残すのか～大阪〝橋下改革〟の舞台裏～」として六月三〇日に放映されましたが、実はNHKのカメラは知事室に入ることを許されず、撮影時には当時空席だった副知事の部屋が使われていました。これは橋下氏が知事就任直後、NHK大阪の特番に呼ばれた際の「遅刻問題」に端を発しています。知事は上京していたため当初から番組には途中参加することになっていたのですが、到着時アナウンサーに「およそ二〇分遅刻で到着されました」と言われたのが許せないので、NHKのカメラは自分の部屋には入れないということでした。このことは知事自ら「大人げないと思うでしょう？　でもこだわるんですよ」と私たちに説明をされていました。

ＮＨＫの取材を、拒否まではしないものの自分の部屋には入れないということで意地を通す。これをバランス感覚というかどうかは別として、そうしたこだわりがある意味橋下氏のエネルギーの一つになっていたと思います。

このＮＨＫスペシャルでは、記者からの「この改革で大阪府はよくなるんでしょうか」という質問に対し、私が「これだけ大騒動したんだからよくならないといかんでしょう」と答える場面があります。この時は、大阪府ではその後も「大騒動」が続いていくことになるとは予想していませんでした。次々と「大騒動」を作り出し、世論の注目を集め、賞味期限を維持していくことこそが橋下政治・維新政治の本質なのだと、その後知らされることになるのです。

コラム３　ＮＨＫ密着取材とＮＨＫドラマ

ＮＨＫから改革ＰＴを密着取材させてほしいとの申し出があった。改革ＰＴの作業風景や知事との議論など、マスコミに公開していない場面でもカメラを回し、作業の目途が立ったのちにドキュメンタリーとして公開するというものである。なお同時期、ＮＨＫには「すっぱ抜きの報道」を一切行わないという制約が課された（ＮＨＫと大阪府の広報担当との間で文書で確認）。密着取材した内容はもちろん、この制約はＮＨＫ全体に課せられることとなった。

NHK制作の土曜ドラマ「再生の町」広報資料（提供：小西）。

ＮＨＫの密着取材は至る場面におよび、ある時は私の登庁風景を撮りたいと言われた。その時には「これは私の話ではないでしょう」と反発したが、撮られるうちにだんだん慣れてくるというか感覚がマヒしてくるのだろうか。私が横山ノック知事のもとで作成した行政改革大綱の冊子（しかも小西の丸印が押されている）を見つけてきた取材班に「それを引き出しに入れておいて出すところ撮らせて下さい」と頼まれた際には、躊躇することなく「演じて」しまった。ＮＨＫは「一〇年目のリベンジ」というストーリーを考えていたらしい。のちに放送されたＮＨＫスペシャルでこの場面が使われることはなかったが、行政改革大綱の冊子は「小西が一〇年前になしえなった改革を橋下知事の下で行おうとしている」とのナレーションとともに流された。もっともこのことは私がインタビューでも答えたことで、やらせなどではない。

NHKからはさらに、私たちの取り組みをドラマにしたいのでPTメンバーには脚本段階から取材させてほしいとの依頼があった。そうして完成したのが、土曜ドラマ「再生の町」である。ドラマ内において、舞台は「なみはや市」に置き換えられていた。改革PTは直接府民との接触がなかったからだと思われる。主人公はPT長ではなく、一〇年前改革に取り組もうとして反対派の議員に阻止された財政課職員の息子（筒井道隆）となっていた。

この一〇年目のリベンジを基調としたストーリーはNHKスペシャルの流れを引き継いだようだった。けっさくなのはドラマ内のPT長（岸部一徳）。数年前に妻と離婚、一年後に定年を控えているという哀愁漂う人物設定がされていた。彼が公開討論の場で病に倒れるシーンがあったが、PT仲間からは「小西さんの場合やったら、『飲み過ぎやね』で終わるやろな」と言われた。

二〇〇八年度予算成立──改革PTの任務終了

知事との議論も最終盤に近づいた頃、知事から示されたのが「障がい者、いのち、治安に関する施策には配慮する」という考えでした。

それまでもずっと考えてこられたものか、あるいはどなたかと相談された結果なのかはわかりませんが、突然の指示でした。もちろん私たちにも異論はなく、さっそくこの三分野の事業についてのカットをやめる、あるいは削減率を引き下げる作業を進め、六月五日に「財政再建プログラム案」として発表しました。以下のような内容です。

一般施策経費・建設事業の削減　三二〇億円
人件費の削減　三四五億円
歳入の確保　四三五億円

ＰＴ試案における一般施策経費・建設事業の削減額は四〇〇億円だったので、試案発表後の部局との議論等を経て、八〇億円分の事務事業の見直しは中止・縮減することとしたわけです。
また人件費削減は試案三〇〇～四〇〇億円に対して三四五億円ですから、ほぼ試案通りです。歳入の確保は試案三〇〇～四〇〇億円に対し四三五億円と、ここで事務事業見直しを緩やかにした分をカバーしたわけですが、このなかには退職手当債八五億円が含まれています。退職手当債は一時の大量退職などに対応するための借金で、施設を作る際に発行する建設事業債等とは異なり、財源不足を補うための赤字地方債になります。したがって「財政非常事態宣言」からすると認めがたいことですが、ＰＴ試案から財政再建プログラム案への策定過程を経て、知事にご納得いただきました。退職手当債の発行について、プログラム案においては「財政負担の平準化を図る」としてその理由が述べられています。まさに知事と職員とのギリギリの議論を経て、「財政再建プログラム案」は策定されたのです。

この財政再建プログラム案は二〇〇八年度予算案として、七月一日に開会した臨時議会に提案されました。以下は橋下知事による議会での冒頭発言です。


冒頭に当たりまして、私の所信の一端と今後の府政運営の方針を申し述べ、議員並びに府民の皆様の御理解と御協力を賜りたく存じます。

去る六月五日、大阪維新プログラム案[27]を公表いたしました。振り返りますと、二月六日就任早々の財政非常事態宣言、粗い試算の公表、四月の財政再建プログラム試案、このたびの成案、そして本日臨時会開会に至るこの一四六日間、私は府庁職員とともに全力疾走してきました。そして府民の皆様からは、改革試案のみならず府政全般に対し、かつてない大きな関心をお寄せいただきました。また府議会各会派におかれましては、定例会における御審議はもとより、あらゆる場で貴重な御意見、御提言を賜りました。さらには府内市町村長の皆様からは、さまざまな御意見、御批判を頂戴いたしました。この場をお借りしまして、あらためて深く感謝申し上げます。

27 財政再建プログラム案に政策再構築案等を加えた全体の名称。大阪維新の会とは関係ない。

大阪が再び輝くため、それぞれが原点に立ち返り、それぞれの役割を果たす。大阪のために持てる力を結集する。これが大阪維新のねらいです。何よりも大切なことは、こうした思いを、府議会はもとより、市町村、民間団体や企業、地域、そして府民の皆様一人一人に共有していただくことだと考えます。

そのためには、まずは大阪府がみずから襟を正し行動する。税金の使い道や使い方、予算編成や意思決定の仕組み、市町村や民間との関係、さらには府政の役割そのものにまで立ち返り、これまでのやり方やシステムを抜本的に改革する。過去のしがらみや経緯に一切とらわれない、大阪発の自治体経営革命を起こす。そのミッションは、財政再建、政策創造、そして府庁改革です。

減債基金からの借り入れと借換債の増発という、借金のための借金を重ねてきたこれまでの手法ときっぱりと決別をする。収入の範囲内で予算を組むという、当たり前のことを実行する。こうしたことが府財政の立て直し、大阪の立て直しの第一歩となる。このように確信し、これをこのたびの大阪維新、財政再建の原点に据え、ゆるぎなきものといたしました。

そして将来世代に負担を先送りするくらいなら、今の世代が泥をかぶる。原則として、府債発行ゼロと最初に申し上げることでその発行額を極力抑制し、約五兆円に及ぶ府債残高についてピークアウトを五年前倒しし、将来に向けて着実に返済していく、その道筋を明らかにすることができました。

ただしこれにより、府が実施してきた施策の水準や内容について、優先順位づけや一定の見直しを行わざるを得ず、府民の皆様に大変な我慢をお願いする点もございますが、私自身、府財政の再建に確実にたどり着ける道だと確信しています。府職員に対しても改革の痛みを分かち合う覚悟を求めておりますので、何とぞ御理解を賜りますようお願い申し上げます。

また政策創造、重点政策は、厳しい財政状況にありましても、何とかここで大阪の明るい未来を開くための布石を打ちたい、教育日本一、子育て支援日本一を目指したいという思いで、そのための施策や事業に絞り込んで集中投資を行うものです。

さらに府庁改革は、厳しい財政再建を通じて府民の皆様に我慢をお願いする以上、まずは府庁自身が変わらなければならない。こうした思いで、顧客第一主義の観点から、府民ニーズの把握に努め、情報公開など府政の透明性を高めてまいります。そして、税金を一円たりとも無駄にしない、これをスローガンに終わらせないよう、コピー一枚から徹底して細部にこだわり、鋭意改革に取り組んでいるところであります。

大阪維新のスタートとなる平成二〇年度本格予算案は、一般会計で二兆九二二六億円、昨年度と比較すると一〇％減となる超緊縮予算となります。これは、財政再建プログラム案に基づき、すべての事務事業、出資法人、公の施設について、ゼロベースの点検・見直しを行い、それを反映することにより、将来にわたって自律的で安定的な行財政運営を行う、まさにそのための構造改革に着手する予算であります。

今読み返しても、当時の大阪府政と財政再建にかける橋下知事の熱い思いが伝わってきます。また、二〇二三年春の知事、大阪市長選挙において維新が宣伝した「財政再建を実行し教育無償化を実現する」というストーリーがこのスピーチの中に含まれていることにも驚かされます。

その後、議会において改革案全般にわたって質疑が繰り返され、七月二二日、知事からは以下の二点が議案訂正として申し入れられました。

①私立幼稚園振興助成費の削減率を五％から二・五％に減ずる。
②職員の給与削減率を指定職・部長級を除きそれぞれ〇・五％減ずる

こうして翌七月二三日、「財政再建プログラム案」は自民党、民主党、公明党等の賛成多数で可決成立しました。

知事就任以来半年にわたって繰り広げられた大阪府の財政再建に係る激論も、こうして知事への賛同が示される形で収束したのです。財政再建は、横山知事以来長年にわたって取り組まれてきました。とりわけ太田知事の下で策定された財政再建プログラムによる三年間の効果額は三六一三億円と橋下改革の三〇五四億円を上回るものでした（大阪府「行革ノート（平成ノート（平成二九年三月版）」による）。しかしながら「大阪府赤字隠し」の朝日新聞記事から始まった〝橋下劇場〟によって、橋下知事はそれまで誰も成し得なかった大阪府の財政再建を成し遂げた知事として、府民の絶大な支持を集めることになったのです。

第二章　職員給与の削減

職員給与削減についての私の思い

財政再建においてもう一つ大きな議論を呼んだのが職員の給与削減でした。

私はＰＴ長を拝命した時、府民に大きな負担をかける以上は職員にも同程度の負担をお願いせざるを得ない、この両者の負担をできるだけ軽減するためにも収入の確保に全力をあげねばならないとの思いから「事務事業見直し」、「給与削減」、「収入確保」についてそれぞれ三分の一ずつという目安を立てました。

事務事業見直しは自らその一つ一つについて検討に参加しましたが、給与についてはその総額をＰＴ案で示しただけで、具体的な制度設計は総務部長と人事室にお任せしました。人件費削減総額は三〇〇～四〇〇億円としました。記者ブリーフィングでは人件費削減の具体的内容を示せと追及を受け、「それは総務部長にお願いしている」と言っても、「そんなはずはない」と食い下がられました。

「給与制度改革・特例減額」越年闘争の一場面（提供：大阪府労働組合連合会)。写真上中央、写真下左側前列手前から４番目が小西、右側前列手前から５番目が新居氏。

その後行われた職員組合との交渉は橋下知事自らがテーブルにつかれ、予定時間を大幅に超過して翌日の朝まで続きました。その交渉記録については一方の当事者であった大阪府労働組合連合会の新居晴幸委員長が「炎の交渉記録」（大阪府労働組合連合会刊）としてまとめられておられますので機会があればお読みいただきたいと思います。

さて、この時の給与削減は、知事三〇％、副知事二〇％、管理職一六％～一四％、管理職以外一〇～四％、退職手当五％削減というかつてない規模となりました。その後削減率は引き下げたものの給与削減は続くなかで、削減に関わってきた者として、私が率直な思いを公の場で話す機会を、私の尊敬する自民党の朝倉秀美議員が与えて下さいました。二〇〇八年に「財政再建プログラム案」を出してから五年後のことです。私は当時、松井知事の下で副知事として勤めておりました。異例の長い答弁となりましたが、橋下改革を推進した職員の思いとしてお読みいただきたいと思います。

二〇一三年九月定例会本会議　一二月一一日

朝倉秀実議員（自民）　悲惨な交通事故を減らすために、また犯罪を抑止するとともに事件の解決と犯人の検挙を図るために、文字どおり昼夜を分かたず警察官は職務に励んでいただいています。朝、ポストに、近所を見回りましたが特に異常はありませんでしたと書かれた赤いパトロールカードが入っています。その時間を見ますと午前二時、午前三時、午前四時などと書かれてあります。大阪府の警察官は、全国四七都道府県のなかでももっとも多忙な、過酷な任務をこなしていただいているものと考えます。その全国でもっとも大変な大阪府警察の警察官の給与が全国最低の水準にあること、このことに矛盾を感じ、申し訳ない思いをしているのは私だけではないと思います。

教員についても、いわゆる問題教員についてはかねてより厳しい目を向けてきましたけれども、大半の先生方は真面目に取り組んでいただいており、厳しい状況下にある大阪の子どもたちのために頑張っていただいています。

知事部局の職員についても、大幅な人員削減が行われて一人一人の仕事量が増えるなかで、府民のために力を尽くして奮闘いただいているということは、議員皆さんもよくご存知のことだと思います。水都大阪、イルミネーション、大阪マラソン、いろんなイベントに、府の職員は休日返上、ボランティアで頑張って支えてくれています。

こうした大阪府の警察官、教員、職員九万人の給与については、平成二〇年七月、就任したばかりの橋下知事のもとで実施された財政再建プログラムによって、本来支払われるべき給与が削減されることになり、そのまま今日に至っています。

あらためて、給与削減を行った際の考え方、その後の経過、また現在の状況についてどのように受け止めるべきなのか。当時から今日までその中心的な役割を担われた、また現在もっとも責任ある立場におられる小西副知事の説明並びにお考えをお聞きします（以下略)。

小西副知事　まずこれまでの給与削減の経過でございますけれども、大阪府では平成九年度から昇給の延伸、あるいは管理職のカットなどを進めてまいりましたけれども、大幅な給与削減を行った契機となりましたのは、平成二〇年二月に就任をされました橋下知事が行われた財政非常事態宣言です。

この宣言の意味するところは、一つは赤字を出さないこと、もう一つはそれまで行っておりました減債基金の借り入れ、これを行うことによって緩やかな行革を進めるという方法を断ち切ること、減債基金からの借り入れ、これを可能としていた借換債の増発をやめるということを意味するものでございました。

そうしますと、単年度で一一〇〇億円という途方もない収支改善を行う必要が生じてまいりました。しかも当時橋下知事は、これを一年間じっくり議論をしてその方策を講じるのではなくて、平成二〇年度から直ちにこの改革を進めるべしという御指示でございました。そのため、七月までの暫定予算を編成し、七月臨時議会に本予算を計上することになりましたけれども、この本予算に一一〇〇億の収支改善を盛り込む必要があると、つまり短時間のうちに大変な作業をしなければならないという事態になりました。

私、その当時、この担当のＰＴ長を命じられました。本当に文字どおり昼夜を分かたず、土日も出勤をして改革の案を練ってまいりました。そのとき、一一〇〇億円という数字でございますので、人件費の削減はやむを得ないという判断をいたしました。といいますのは、やはりこの数字を達成するためには、事業の見直しでありますとか歳入の確保だけでは到底追いつかないだろうということを考えたのが一つです。もう一つは、府民の方に大変な御迷惑をかけることになりますので、我々職員も身を削る必要があるというふうに考えたからであります。

問題は、どの程度の人件費の削減をするかということでございましたけれども、ここは長年行革をやってまいりました私の感覚で、三分の一ずつということをまず考えました。歳出の削減三分の一、歳入の確保三分の一、人件費の削減三分の一ということでございます。その結果、私どもの出した結論は、平成二〇年度におきましては、歳出削減が三二〇億円、歳入の確保をできるだけ進めることにいたしまして四三五億円、人件費の削減が三四五億円でございました。

ただ、これは年度途中からの人件費の削減でございますので、平年度ベースで申し上げますと、四七五億円という大幅な人件費の削減になりました。その内容は、部長級で給料の一四％カット、非管理職においても三・五％から九・五％の給料をカットする、ボーナスはそれ以前から行っておりましたけれども、管理職六％、非管理職四％のカットを継続する、さらには退職手当を五％削減するといった内容のものでございました。

この措置を平成二〇年度からの三か年、二二年度まで行いました。したがいまして、二二年度には、じゃあ二三年度以降どのようにするのかということをあらためて検討することとなりました。その際にも私は、当時総務部長についておりましたけれども、今の大阪府の状況では人件費の削減を継続せざるを得ないということをまず思いましたけれども、できるだけ削減幅を圧縮したいという思いで検討に入りました。

しかしながら当時の知事から、大変な宿題をそのときに二つ投げられました。

一つは、給与制度の抜本的な改革を同時に進めろということでございます。

その内容というのは、一つは『わたり』を全廃するということでございまして、給料表の一つの級には一つの職階しか対応させないというものでございまして、このような『わたり』是正を行っているのは、現在国でも行っておりませんし、他の都道府県でも行っておりません。それから、次長級、部長級についてはシングルレート、つまり次長級、部長級になると、それ以降の昇給はないというような給与制度にするということでございました。もう一つは、現業職への行政職二表の適用を行うというものでございまして、大阪府にとりましては、極めて大きな給与制度改革でございました。これを給与削減の継続とあわせて行うということになったわけでございます。当時我々は、給与削減をどの程度するかということで積み上げを行いまして、二七〇億という数字を出しました。

もう一つの知事からの宿題といいますのは、この二七〇億円ではなくて、三五〇億円の削減をしろという指示でございました。

この三五〇億円の削減といいますのは、数字のとり方が違いますので、内容的にいいますと、その前三年間行った四五〇億円の削減を継続しろというものでございまして、私は、その指示を聞いた途端、到底これについてはできませんということを申し上げました。そうしましたら、当時知事から、君は交渉団から外すということを言われましたけれども、私の責任として、これは何としてもやり遂げる必要があるということで、当時の関係者、今の総務部長の矢冨もおりましたけれども、みんなに集まっていただきまして、二つの数字をどういうふうにするのかという議論をしました。

それで出した結論は、二つの数字を出して職員団体との交渉に入るということで、諸先輩方からは、非常に無謀なやり方であるというふうにお叱りを受けましたけれども、何とか二七〇億に抑えると、これは不退転の決意でやろうという思いで、二つの数字を出して組合との交渉に臨みました。

当然、越年交渉になったわけでございますけれども、最終は、今申し上げました給与制度改革については、ほぼ提案どおりに実現をできました。給与削減は、二七〇億円の削減。どこが今までと違ったかといいますと、非管理職の削減率をわずかでございますけれども〇・五％圧縮をさせていただきました。それから、期末勤勉手当の削減を廃止するということをやらせていただいたということでございます。この削減が、今年度まで続いているということで、この六年間、大幅な給与削減が続いてまいりました。

大阪府は、先ほども申し上げましたように、それ以前からも給与削減を行ってまいりまして、これまでの人件費削減は、総額三二〇〇億円を上回る削減を行っております。

こういうなかで現時点を迎えておるわけですけれども、私は今年度の人事委員会勧告は、この六年間にわたる、あるいはそれ以前からの給与削減、あるいは給与制度改革が反映されたものというふうに思っております。それだけ大阪府の職員の給与水準は全国的に見ても低いところにありますので、それはただいま議員からも御指摘があったとおりでございますが、全国的にも珍しく引き上げ勧告がなされました。

それからもう一つは、今行っている特例の給与減額を直ちに終了しろという強い御意見をいただいたところでございます。

これまででしたら、この人事委員会勧告を受けまして、今議会に給与条例の改正案を提出し、年内には職員に差額を支給させていただくところでございますけれども、先ほど知事からも御答弁申し上げましたけれども、今年度につきましては、まだ私どもは具体的な回答をするに至っておりません。職員に対しては大変申し訳なく思っているところでございます。

それで最後に、これまでこうした人件費削減の責任者と言われるとなかなかつらいところがございますけれども、取り組んできた者としての思いをお話しさせていただきたいと思います。

　私は、給与減額は異例の事態における異例の措置であると、まさに緊急避難措置であると思っておりますので、これを長らく続けるべきものではないというふうに思っています。今一番私が危惧しておりますのは、これが当たり前のことであるという思いが庁内に広がることを一番危惧しております。

　前知事も、六年前に給与減額に踏み切られた際に、給与減額は組織のトップとしては最終手段であり、本来は禁じ手であるということを申されました。私はそのとおりだというふうに思います。したがいまして予算編成に当たりましても、給与減額を当然の前提として予算編成に臨むということは、決してすべきではないというふうに思っております。

　もう一点は、この給与減額を行ってきたこの六年間は、大阪府にとってどのような六年間であったかということです。これも、先ほど議員からも御指摘ございましたけれども、全国でももっとも厳しい改革を進めつつ、都構想でありますとか、経済特区でありますとか、都市魅力の創造でありますとか、本当にさまざまなチャレンジに全力をあげてまいりました。教員、警察官の努力については、申すまでもないというふうに思っております。

　私は、府の職員は、他の都道府県よりもより汗をかいているというふうに思っておりますし、決して劣るところはないというふうに思っております。そういった職員が全国最低水準の給与に甘んじざるを得ないということについては、責任者として本当に申しわけなく思っているところでございます。

私は何も、他の都道府県より高い給与を支払うべきであるということを申し上げるつもりではございません。人事委員会勧告で示された給与をお支払いするというのは、公務員制度において極めて当たり前のことでありますので、この当たり前の給与をぜひ職員の皆さんに支給をしたいというふうに思っております。

大変厳しい状況にあることは十分承知しておりますけれども、そうした思いを持ちまして、みずからの職責を果たしたいと思っております。


本会議における知事答弁は、知事と幹部職員による答弁調整会議で議論されて確定されますが、部長答弁や極めてまれな副知事答弁は、担当の部長、副知事の責任で作成され、知事には当日手渡されることになっています。

この時の答弁案も知事に渡していましたが、実はその案とはまったく異なる答弁を行いました。答弁を終えて自席に戻る際に「違った答弁をしまして」と釈明すると、松井知事は「全然違うやん」と言われただけで、その後お咎めを受けることはありませんでした。小西には言っても仕方がないと思われていたのだろうと思います。

政治的予算編成

先の答弁にある職員給与削減について二つの数字が出てきたのは二〇一〇年夏、同年四月に地域政党として「大阪維新の会」が結成された後のことでした。

この年度の大きな課題は三か年計画である「財政再建プログラム」の後継計画＝「財政構造改革プラン」を策定することと、公立高校の授業料無償化を踏まえ、私立高校に対する授業料軽減助成をどうするかということでした。

後者については財政再建プログラムにおいて「他府県に比べて極めて高水準」、「補助対象となる生徒の割合が五〇％近くに及ぶ」ことから、所得の高い層（年収五四〇万円超）は補助を廃止、生活保護世帯及び非課税世帯を除き補助額を削減するという見直しを行ったものです。担当の私学課や府の施策全般を所管する企画室を中心に調査・検討を進め、府立高校に合わせ増額するが、所得に応じて段階的に補助を行うという案などが検討されていました。

一方、財政構造改革プランにおいては再建計画での施策や職員給与の削減を少しずつ戻していく方向で検討が進められました。まとめられたプランでは職員給与は二七〇億円削減する（再建プログラムの削減率を継続すると三五〇億円）というもので知事に説明し、了解を得ました。ところがその数日後、知事室に総務部長の私やプランをまとめたＰＴ長らが集められたのです。

知事は「今から政治的予算編成について話をする」として、一枚のペーパを取り出し読み始めました。議会答弁であっても用意された原稿を見ないことが多い知事にしては異例のことでした。その内容は、私立高校の授業料軽減助成を大幅に拡充したい、そのために給与の削減は現行通り三五〇億円でいってほしいというものでした。

これは二つの点で私たちを驚かせるものでした。第一は、給与削減は財政構造改革プランの説明において二七〇億円とすることで知事も了解していたということ。第二は、授業料軽減助成は所得に応じて階段を付ける方向で検討が進んでいたこと（少なくとも私はそう理解していました）。

突然の知事の提案に面食らいつつ、私は「給与削減はあらゆる収支改善の努力を行ったうえでどうしても足りない場合に職員にお願いするもので、特定の施策のために給与を削減するのはおかしい」と反論しました。とはいえ、決定するのは知事。最後は従わざるを得ません。そこで私は、「戦略本部会議[28]にかけるプランの案は二七〇億円削減の案でいかせてほしい。その場で知事から三五〇億円の指示をしていただいて議論させてほしい」とお願いをし、知事に了解をいただきました。

28 詳細は次章。

戦略本部会議での、総務部長である私と知事との主なやり取りは以下のようなものとなりました。

知事　このなか（プランで示す収支改善額―要対応額）には、今議論となっている中学校三年生の子どもたちの進路選択の自由を与えようという、僕が力を入れたいという施策については制度がまだできていないため組み込まれていない。どうしてもこの施策を平成二三年度予算に反映したいとの思いがあり、プランでは人件費は二七〇億円のカットをめざすとなっているが、職員団体との交渉自体は現行の人件費の削減額を前提にお願いしたいと思っている。

総務部長　計画としては二七〇億円としているが、計画はこのまま変えないで、ただし交渉は現行の三五〇億円の削減で交渉するということか。

知事　そのとおり、提案である。

総務部長　『それで交渉ができるか』と言えば非常に難しいところ（略）。人件費の削減は我々当局として収支見通しをもとに色々な財源確保の努力をした上で、残りのところの緊急避難としてお願いをしているものであり、今知事から話があったような特定の施策のために人件費を削減するというのはいままでにないこと（略）。

知事　不確定要素で申し訳ないが三五〇億円の提案からスタートしていただいて、今回は異例、イレギュラーなこと。職員の人件費をもって施策を展開しなければならないというのは本来のあるべき姿ではないということを伝えてもらった上で、最終的には、素案（プラン）にある二七〇億円で落ち着くよう全組織の努力を期待したい。

府の重要な課題は可能な限り公開の場で議論するというのが橋下知事の方針ではありましたが、戦略本部会議で包み隠すことなく率直に議論した記録を見ると、今さらながらこの頃の風通しの良さを感じます。当初は公開の会議に戸惑っていた職員も、この頃にはうまく活用する術を身に着けたと言えます。

それにしてもいまだに不思議なのは、橋下知事が政治的予算編成についてのペーパを読み上げたことです。橋下氏は、議会答弁であっても用意されたペーパを読むということがほとんどありませんでした。また、ご自身が作成したメモなら、なおさら読み上げることはないと思うのです。民主党政権によって公立高校の授業料が無償化されたのに対し私立はどうするか。この問題はこの年度の初めから庁内で議論を繰り返してきており、所得に応じて段階的に補助する案が議論されていただけに、無償化案という急展開に驚くとともに、そのために職員給与を削減する（削減率の継続）という案には絶句しました。給与削減は一定緩和することができましたが、私立高校の授業料無償化（所得制限あり）についてはその後、維新が府民に支持されるうえで重要な施策になったことを思うと、この無償化案は維新として十分に調査・検討されたものであり、橋下氏のいうマーケティング政治が端的に表れた事例ではないかと思うのです。

第三章　庁内意思決定システムについて

戦略本部会議

戦略本部会議のことが出てきましたので、ここで大阪府の庁内意思決定システムについて述べておきます。

本書のコラム1で述べたように、庁内の意思決定は、部下が案を作成し（起案という）、順次上司の承認を得る（決裁という）形で進みます。どこまでハンコをもらうかは、事案によって異なります。また、こうした通常行われている意思決定とは別に、重要案件ごとに部長等による会議が設置されることがあります。たとえば行政改革では、全部長が参加する行政改革推進本部があります。横山知事の時に策定した行政改革大綱では主要プロジェクトの凍結が議論の俎上に上がり、一九九五年一二月に開催された本部会議では収拾がつかず、翌年一月、再度の本部会議を開催したこともありました。そこでは、実質的な議論が行われていたと思います。

なお、こうした個別の会議とは別に「部長会議」というものもありますが、これは議論の場と

表1　戦略本部会議の開催状況

年度	開催回数	議題内訳			備考
		定例的	個別案件	内大阪市	
H21	31	25	36	1	
H22	24	19	2		
H23	13	15	9	1	
H24	13	5	17	6	
H25	8	3	8	3	
H26	6	4	8	5	
H27	7	3	7		
H28	5	4	5	3	
H29	4	2	2	2	
H30	4	2	6		
R1	8	2	7	4	
R2	5	5	5	3	
R3	2	2			1回は書面
R4	2	1	1	1	

※大阪府ホームページによる。議題内訳の分類は小西が行った。定例的とは府政運営方針、部局長マニュアル、その他ビジョン等の改定に係るもの。報告案件は除く。

いうより報告・伝達の場として機能しています。

こうした素地のもと、橋下知事になって設置されたのが「戦略本部会議」でした。

知事が掲げたのは、意思決定過程を明確にして責任の所在を明らかにすることと、行政の透明性の向上でした。こうして、「原則公開の庁内最高意思決定機関」として設けられたのが、戦略本部会議です。当初は企業の取締役会のように決定事項について会議参加者に責任分担させるという案でしたが、府の副知事以下の職員は企業の役員のような代表権を有しないことや、あくまで知事の補助機関であって知事の命の下で職務遂行をしていることから、この案は断念されました。

戦略本部会議は二〇〇九年度からスタートしました（二〇〇八年度は経営企画会議として実施）。戦略本部会議でさまざまな意見が出されたうえで知事の判断がなされることが多く、実質的な意思決定システムとして機能していました。逆にその場を職員側が利用することもあるのは先に見た通りです。

戦略本部会議は行政の透明性を向上させるうえでも、また知事と職員が自由闊達に議論できるという点でも、橋下改革の成果の一つと言っていいと思います。しかし残念なのは、年々その開催回数が減少し、また大阪市に関する案件が増えていることです。

戦略本部会議は橋下改革の柱とも言えるものでしたが、ここ数年はコロナの影響があったとはいえ、徐々に形骸化が進んできているようで残念でなりません。

特別顧問・参与

橋下知事、松井知事と継承されたものとして「特別顧問」、「特別参与」という制度があります。

特別顧問、特別参与とは、「知事の委託を受け、その権限に属する事務に関し必要な事項を調査し、及び助言する者」（非常勤職員の報酬、費用弁償及び期末手当に関する条例第二条第三項）と規定されています。当初は上山信一[29]氏（慶應義塾大学総合政策学部教授）をはじめ

29　二〇〇八年から大阪府特別顧問。

数名程度でしたが、次々委嘱され数が増えてきました（二〇二二年五月時点で特別顧問一二名、特別参与一二名）。

知事が専門家からアドバイスをもらいながら行政を推進していくこと自体、まったく問題はありません。橋下府政以前にも二、三名の顧問がおられたことはありました。ただ、「特別顧問」制度について私が橋下知事に問題提起をさせていただいたのは、特別顧問たちが、あたかも職員の上司であるかのように職員に命令をし、時には書類を破いたり「知事に言うぞ」と恫喝まがいの言動を行っていたことです。もちろん特別顧問がすべてそうだったというわけではありませんが。

こうしたことを知事に指摘すると、知事から電話がありました。

「特別顧問はあくまで私のアドバイス役なので、今後職員に命令するようなことはさせません。しかし、アドバイスするうえで色々情報が必要になるので、そのことには協力して下さい」

その後、そのようなことは少なくなっていったと思いますが、松井知事になってからの二〇一二年二月二〇日戦略本部会議でも、「外部委員の件で知事にお願いしたい」として、「（府市統合本部に係る）個別のヒアリングのなかで、外部委員が職員に指示する場合があるということが私のところに上がってきている。これは、やはり府の意思決定プロセスとしてはおかしいと思う。我々は外部委員から指揮命令される立場ではないので、そこは知事が本部長として、

表２　特別顧問と他のアドバイザー等の報酬の比較

一般の特別職非常勤職員※	時間額　5,200円		月額　360,000円
特別顧問	1日あたりの勤務時間が1時間以下の場合 10,700円	1日あたりの勤務時間が5時間を超える場合 55,000円	月額上限　440,000円
行政委員（委員長を除く）		日額　33,000円	月額上限　26,4000円
付属機関の委員		日額　9,800円以内	

※任命権者（知事、行政委員会等）に対し、府の主要な施策に関する助言を行うもの。

外部委員のありようについてキッチリとコントロールをお願いしたい」と苦言を呈させていただいたことがありました。

この制度についてもう一点納得できなかったのは、特別顧問・参与の報酬です。当初は他の外部の専門家のアドバイザー（法律的には特別職非常勤職員）と同様の報酬であったと思いますが、ある時、橋下知事から「特別顧問から配慮してほしいとの話があったので検討してほしい」との要請があり、何回か引き上げを行いました。当時、この件について知事に問題提起をしたわけではないので今さらながらの話にはなりますが、「なぜ特定の方だけ」というのは、担当した者として釈然としませんでした。よく〝維新は身内に甘い〟と言われますが、このこともその一例ではないかと思います。

特別顧問・参与の報酬については府議会においてもたびたび指摘されていますが、その度に担当者は、「特別顧問、特別参与の方々には、府市統合本部でありますとか、タスクフォース、戦略会議と多岐にわたる場面で積極的に調査活動、事業分析、そういうものに従事して、指導助言をいただいています。これらの活動に見合う対価として適正な報酬額であると考えています」などといった苦しい答弁を繰り返さざるを得ないのです。

これと対比して思い出すのは行政改革担当として発足させた、建設事業再評価委員会（現建設事業評価審議会）での議論（一九九八年度・横山知事）です。これは、着工から一定年数を経過した建設事業について、ひき続き継続して事業を行うことが適切であるか、専門家に集まっていただいて答申を出していただき、それをふまえて府としての方針を決定するというものです。

その最初に課題になったのが安威川ダムでした。当時、全国的にダム事業の見直しが話題になっていたなか、同ダムが必要であるか、再評価委員会に検討いただきました。結論は継続実施でしたが、その過程で委員長を務めていただいた先生から言われた言葉が忘れられません。

「もし安威川ダム事業を中止すべきとの答申を行い、その後災害が生じたら、防災専門の学者は学者生命を失うことになります。職員の皆さんは他の職場に異動していればもう関係のない話になります。そんなに重い責任をわずか一日九八〇〇円（現在）の報酬で負わせているんですよ」

これと比較すると、特別顧問・参与は府市統合本部（その後、副首都推進本部）でどれだけ好き勝手に発言したところで、決定事項の責任はその場にいる知事・市長が負うことになるのですから、特別顧問・特別参与の報酬は、やはり「特別扱い」だと言わざるをえません。

第四章　地方分権から庁舎移転へ

地方分権

二〇〇八年七月の臨時議会後、改革PTは解散されることになりましたが、私はその前に知事室に呼ばれ、「庁舎をWTCビルに移転したいと考えているがどう思うか」と聞かれました。私は、「庁舎はどこになければならないというものではないが、移転した後の大手前[30]に責任を持てるかが重要」とお答えしました。知事からはさらに、「地方分権（改革PTの後はこれを担当するようにその前から言われていた）と庁舎移転のどちらを担当したいか」と聞かれたので、「もちろん地方分権です」と答えました。結果、私は改革PT長の後は地域主権PT長を拝命することになりました。

この地域主権PTは、一一月二七日に「大阪発〝地方分権改革〟ビジョン素案」を発表して、

30　大阪府庁、大阪府警察本部、各省庁の出先機関が入居する合同庁舎などが立ち並ぶ、大阪市中央区の地名。

おおむねの作業を終了しました。
このビジョン素案では目指すべき将来像として、次の二つを挙げました。

①【分権】市町村優先の徹底により身近な公共サービスを住民とともに担っていく。
②【集権】大阪府は広域的機能に徹し、近隣府県と一体となって〝関西州〟を創っていく。

この二つの将来像を「一体的に推進する」ことにより、「大阪・関西を地域主権型社会のモデルに！」という目標を掲げたのです。その後精力的に進められたのが市町村への権限移譲であったことからも、このビジョンの主眼とするところは基礎自治体の強化にあったように思います。なお、このビジョンにおいては、大阪市を「高い行政能力と都市問題への豊富な蓄積をもつ自治体」と評価しており、府と市は「お互いの力を最大限発揮できるように」、「新たな関係づくりを！」と、その関係について触れていることからも、その後の「都構想」はまったく志向していなかったと言えます。

庁舎移転

二月の橋下府政誕生以降、二〇〇八年度は私にとって改革ＰＴから地域主権ＰＴへと激動の一年だったため、このあと年度末まではゆっくりさせてもらおうと思っていたところ、年が明けてすぐ、「庁舎移転ＰＴ」をつくるのでそのＰＴ長をするようにとの知事命令が伝えられました。

二〇〇九年二月一三日には移転構想案を発表し、二月定例会には庁舎移転条例とＷＴＣ買取の予算を提案することになりましたが、その作業は改革ＰＴを上回る過酷なものでした。

庁舎移転は、議会各会派とりわけベテラン議員の反発が強く、財政再建とは異なっていわば「総スカン状態」だったのです。ＰＴメンバーは膨大な作業量に加え、議員からの厳しい指摘、反発に晒されることになりました。チームメンバーは一丸となって、よく議会提案までこぎつけてくれたものだと感謝しています。ただし議会においては、庁舎移転条例は賛成四六票、ＷＴＣ購入費を含んだ予算案は賛成四〇票で、いずれも否決（庁舎移転条例の可決には三分の二の七五票が必要）されました。

議会は三月二四日の明け方三時ごろようやく終了しましたが、終了後、当時の平松市長が府庁まで来られて、橋下知事に感謝とねぎらいの言葉をかけられたのは印象的でした。その時には、その後両者が強く反発していくことになるとはまったく想像できませんでした。

いずれにしても私たちの仕事は終わったとＰＴ室で帰る準備をしていたところ、笑顔で知事が入ってこられ、「これですっきりしたよ」とねぎらいの言葉をかけらました。それまでも職員のところへ直接足を運んで自らの思いを話されることはありましたが、職員にとってとても励みになることであり、そのあたりはよく心得ておられたと思います。なお、この後知事は「また違う課題を探すから」と付け加えられたので、私は「探さなくていいです」と冗談混じりにお返ししましたが、常に世論の耳目を引く話題を持ち続けることが、先に紹介した〝賞味期限〟への対応策と心得ておられるのだと、この時あらためて感じたものです。

この、「すっきりした」という知事発言は、年度が変わって四月に入った途端、「もう一度庁舎移転にチャレンジしたい。九月議会に再提案するので準備を進めてほしい」との一言で覆されることになり、私は総務部長として再度この問題に関わることになりました。

三月議会での否決を受け、表面上はＷＴＣ移転を断念し本庁舎の耐震補強に舵を切りつつ、水面下では再提案に向けての下ごしらえをすることになったのです。その詳細については省略しますが、九月議会において、庁舎移転条例は賛成五二票で再度否決されたのですが、ＷＴＣ買取計画を含む予算案は賛成六一票で可決されました。

現在の WTC ビル（福田撮影）。

条例が否決されて庁舎移転はできないのに、なぜＷＴＣビルを購入するのか。この当然の立場から条例には賛成したがその否決後に採択された予算には反対された議員もおられましたが、票数からわかるように、条例には反対したが予算には賛成された議員がかなりおられたことになります。もちろん私たちも議員に対してそうした働きかけをおこなったのですが、その時の思いは「まず購入して庁舎としての実績を積み上げて、将来再度庁舎移転を試みよう」というものでした。こうして誕生したのが、今の咲洲庁舎です。

この庁舎移転をめぐる「ねじれ」は、思わぬ着地を迎えます。

九月議会で庁舎移転条例が否決され、WTCビル買取計画を含む予算案が可決され、部局の移転を進めていた二〇一一年三月、東日本大震災が発生し、長周期地震動[31]によって咲洲庁舎ビルは片側一三七センチ揺れるという経験をしました。このため、咲洲庁舎は災害時の防災拠点になりうるかということを検討する必要が生じ、この件に極めて否定的な見解をお持ちだった河田恵昭関西大学教授や福和伸夫名古屋大学大学院教授などを含む有識者会議を設置して検討をお願いすることとなりました。議論の結果は、当然のことながら咲洲庁舎に防災拠点を設置することには課題が多いというものでした。

有識者会議の議論がおおむね収束した二〇一一年八月、庁内での検討を行う前に、知事は突如「咲洲庁舎を防災拠点として活用することは断念した」と、囲み取材で表明されました。この時点において、咲洲庁舎への移転は将来においてもその可能性がなくなり、大阪府は大手前

31　大地震や巨大地震の際に発生し、超高層ビルを大きくゆっくりと揺らす周期の長い揺れのこと。咲洲庁舎は震源から七七〇キロ離れた大阪府住之江区にあるが、揺れが一〇分以上続き、最上階の揺れ幅は最大三メートル近くに達したほか、エレベーターが止まったり壁や天井が崩れたりする被害が出た。

と咲洲という離れた場所に二か所の庁舎を持ち続けることになったのです。民間ビルを間借りしていた「たこ足庁舎」を解消するのだという庁舎移転の目標からすると極めて皮肉な結末となりましたが、橋下知事はこの後始末をされることなく府庁を去られることになりました。

コラム4 WTCビルからの大阪市の引越し代

二〇〇九年二月定例会に向けて庁舎移転の関連議案の準備をするなかで、府がWTCビルを購入した場合には現在同ビルに入居している大阪市の部局は他へ移転していただかねばならないが、その移転代（引越し代）については必ず議会で問題になると思った。

この点について前年から担当している職員に聞いてみると、「調整していない」とのこと。すぐに担当窓口を調べさせると市の総務局だというので、総務局長に会うことにした。

初対面だったが、「府は引越し代を出さない。その代わり、現状有姿で出て行ってもらっていい」と切り出したところ、局長は「それで結構」と快諾してくれた（この局長はその後、橋下市政下で副市長となり、副知事になった私とさまざまなことで調整する仲となった）。案の定、議会においては公明党の代表質問で光澤忍議員がこの件を取り上げて知事に問いただした。私と局長の間では合意していたがまだ府市正式の合意に至っていないことから、「府は負担しない方向で調整中」として知事から答弁してもらったが、納得できないとして議事はストップしてしまった。

そこで局長に連絡し、府の総務部長（当時私は副理事）と市の局長で合意したとのメールを作成し議員に説明したが、「部長・局長の合意ではだめだ。知事・市長の合意書を持ってこい」と納得されない。

ふたたび局長に話をするも、市には市の事情があって今の時点で市長の判は押せない、と。にっちもさっちも行かなくなって困り果てていたところ、総務省から来られていた三輪和夫副知事が、知事が一方的に確認した文書でもって市に提示したことにすればいいのではと妙案をひねり出してくれた。公明党の議員に示したところ、ご納得いただけた。その後、三輪副知事と私で昼休憩中に他の会派への説明に走り、ようやく議事の再開にこぎつけることができた。

こんなこともあったにもかかわらず、この議会では移転条例も買取予算も否決となったのだった。九月定例会でようやく買取予算だけが可決されたが、この時には私の目もうるんでいたと橋下氏の著書に書かれていたが、事案に対する個人的な思いとは関係なく、苦労した仕事が一部にしろ叶った喜びは、理屈抜きに出てくるものだと思う。


その後、二〇一五年の年が明けて副知事の退職を決意した際も、咲洲庁舎は私の気がかりの一つでした。そもそも大阪府庁舎をＷＴＣビルに移転する理由として掲げていたのは、次の三点です。

①耐震化の早期実現（WTCビルは耐震性がある、という意味ですが、東日本大震災でその脆弱性が明らかになりました）
②府民にとって分かりやすい庁舎（「たこ足」解消ということ）
③費用対効果の最大化（二〇〇九年九月の「庁舎移転構想案」によるもの）

これらの観点でみれば、その後の本館の耐震化工事の終了によって①は満たされました。②、③の観点からすると、今後も大手前と咲洲に二つの庁舎を持ち続けることは、府民にとって分かりにくいことこのうえないし（庁舎を間違えると大きな時間と金のロスになる）、非効率極まりないことは明らかです。

橋下知事が咲洲庁舎への防災拠点設置を断念した段階で、咲洲庁舎を整理し大手前に集約する選択肢しか残されていなかったはずなのです。副知事の職を辞する決意を固めていた私は、退職する前に何とかその方向への道筋をつけねばならないとの思いを強くしました。

このため私は、担当職員とともに仕事でお付き合いのあったある銀行の幹部ＯＢにお会いし、咲洲庁舎を買い取っていただける方がいないか密かにリサーチしてもらうことを依頼しました。同年五月には「都構想」の是非を問う住民投票が予定されていることから、それまでは絶対に表に出ないようにと念を押したうえでお願いをしたのです。ＷＴＣを売却したとしても、大手前に集約する部局を収容する新たな庁舎を建築する必要があり（WTC移転の際、公明党からは府公館等の敷地を活用して新しい庁舎を建てれば収容可能との対案が示されたことがありました）、買主にはそれまでの府からの家賃収入が確実に見込まれるため実現性のある案だと考えたのです。

この腹案は、当初は松井知事にも相談することなく進めましたが、一定可能性が出てきた段階で知事に報告しました。知事からはそのまま進めていいが決断は知事がすると言っていただきました。

しかし住民投票が終わっても、知事からはなかなかゴーサインがいただけませんでした。しびれを切らした私は、前々から密かにこの話をしていた日経新聞の記者に、「大阪府リースバック検討」の記事を書いてもらうことにしました。この記事が出た日は、たまたま朝から知事と行動を共にしていたので「タイミング悪いな」と思いましたが、松井知事からは「どうせ小西君が漏らしたんやろ」の一言で終わりました。先の給与に関する答弁の時といい、松井知事には自分の方針と違ってもある程度自由にやらせていただいたことに感謝

東日本大震災後、WTCビルの被害を視察する府民（福田撮影）。

しています。しかしその後、この問題は浮上することなく、大阪府は咲洲庁舎の空きスペースに民間ホテルを誘致したものの家賃を滞納して訴訟になるという事態になっています。あの時リースバックに踏み切っていたらと、今も残念に思います。

第五章　「職員基本条例」を巡る橋下知事・維新との攻防

何のための「職員基本条例」なのか

二〇一一年夏、橋下知事が辞職して秋に行われる市長選に出馬するとの噂が流れ始めました。その頃知事から、基本的なことについて認識を一致させたいので幹部職員とミーティングをしたいとの意向が示されました。メンバーは知事に、三人の副知事、総務部長の私、企画調整部長です。

ミーティングは、知事から「部長を公募制にしたいがどうか」、「人事評価を相対評価にしたいがどうか」などの問題提起がなされ、それについて私たちが思うところをそれぞれ話していくという形で進んでいきました。いずれも結論を見出そうとするものではなかったので、知事の問題提起の突拍子のなさに反して、ミーティングそのものは穏やかに重ねられたように思います。そのうち、維新から「職員基本条例」なるものが提案されるという噂が庁内で流れてきました。知事のミーティングはこの条例に繋がっているということがその時点で明らかになったのです。

総務部ではその内容を把握すべく、維新の公務員制度担当とされていた議員に真偽のほどをたしかめに行きましたが、その議員も「よくわからない」と言われるのです。一体どこで検討がされているのか？　橋下、松井両氏と一部の議員で物事が進められていたのだと思われますが、多くの維新の議員は突然示された内容に有無を言わせず賛成させられる、そんな体質が職員基本条例でも表れていたと思います。

八月九日、札幌で行われるサッカー日本代表と韓国代表のテストマッチを見るべく翌日からの休暇をとって珍しく早く帰宅する電車のなかで、知事からのメールを受信しました。開いてみると、「今維新で検討している職員基本条例の案を送る。誰からもらったということは伏せておいてほしい」。維新が検討している条例案について知事から情報提供があることに何の問題があるのか釈然としませんでしたが、それよりも条例案の内容が気になりました。

添付された資料を開いてあ然としました。条例案の前文には「『民』が求める政策を実現することを阻む硬直化した公務員制度を再構築することが求められる」、「公僕である『公』が主役となって権力の中枢に座り、『民』がその決定に隷従しており、これは是正されなければならない」といった、驚くべき記述があったのです。

少なくとも橋下知事就任後は知事の強力なリーダシップの下で財政再建や公務員制度の改革を進めてきた大阪府に対して、前文のような認識を持っている府民がいるとは考えられません。

「誰が書いとんねん」、「どこ見たらそんなこと言えんねん」と、驚きの後には沸々と怒りが沸いてきました。知事の「注意」にもかかわらず、すぐさま人事室長に転送し、「私は明日から休暇だが内容をよく点検してほしい」と依頼しました。翌日、人事室長から「ひどい内容だ。とことん検討して反論を考える」との連絡がありました。

その後の、先述した知事とのミーティングでは、忘れられない知事の発言がありました。

橋下知事の下、職員給料表の見直し（部長、次長級職員へのシングルレートの適用、技能労務職給料表の導入）、新規採用試験の見直し、職員の再就職ルールの徹底など公務員制度についてさまざまな改革を行ってきたことをふまえ、私から

「知事は大阪府における公務員制度改革はほぼ達成したと言われていたのに、なぜこのような条例が必要なのですか」

と尋ねたところ、知事は

「職員は色々意見があっても最後は指示にしたがってくれるが、議員集団をまとめていくのは難しい」

とお答えになったのです。これは、「なぜ大阪府に職員基本条例が必要か」についてはまったく答えていませんが、「なぜ維新が職員基本条例を提案するのか」という理由ついては明確に示しています。つまり、維新議員団を束ねる旗印が必要だということ。そして、その旗印は敵をつくり対立構造を示すことで世間の耳目を引くものがいいということです。

同じことは、その後の「都構想」の進め方を見ても感じました。橋下氏は知事就任後、職員に対し施策・事業を進めるにあたってはエビデンスを示せと繰り返し求められていましたが、職員基本条例についてはそのエビデンスがまったく示されていなかったと思います。

維新議員団との激突

ミーティングでは議員提案されるというこの条例への対応についても議論になり、橋下知事からは、「この条例に対する議会での対応については小西部長に一任する」との考えが示されました。

「知事が代表である会派の議員提案」という前代未聞の事態に遭遇した私たちは、明確な考えを持てずにいましたが、当の私は「任せてもらえるなら言いたいことを思いきり言える」というしめしめという思いと、「維新の提案はイコール知事の思い。知事の思いに反することを一部長が発言できるのか」という迷いとの間で揺れ動きました。

そんな時、知事とのミーティングに新たなメンバーが加わることとなりました。それが、前任の総務部長と前任の企画調整部長です。私の尊敬する前企画調整部長は、「知事の補助職員である小西部長が知事の意向に反する答弁をすることはできない」と、問題点をきっぱりと指摘してくれました。しかし知事は、それでも「小西君に一任する」と。私が知事の意向に反する議会答弁をすることについての問題点が明らかになったうえで、「総務部長一任」が確認されたわけです。これで何の遠慮もなく発言できると、あらためて同氏に感謝する思いでした。その後正式に維新議員団から「職員基本条例（案）」が示され、総務部ではこの条例に対する問題点・疑問点を整理する作業に取り掛かることとなりました。

私からは担当の人事担当副理事に「問題点を五〇〇ぐらいは挙げてほしい」と、冗談交じりのお願いをしました。五〇〇という数字にはもちろん根拠などありませんが、「問題だらけ」だということを示してほしいという気持ちでした。ところがそれから数日後、同副理事から電話があり、「細かな点も入れると五〇〇は優に超えそうです」との連絡が入ったので、「それなら一〇〇〇にしてくれ。千本ノックをぶち込もう」と激励しました。

結局六八七の問題点についての指摘、質問になりました。私たちはこれを維新議員団に示し、検討を求めたのです。また維新議員団とは、総務部、そして別途提案される教育基本条例については教育委員会との公開討論が持たれることとなりました。知事はいずれの場にも出席せず別室でその様子を見ることとされました。改革ＰＴと各部局長の討論の際にもＰＴと部局で議論させたうえで知事が発言するという形式をとったことと似ていますが、職員基本条例と教育基本条例については議会での議論も含めて自らは参戦せず、一定の距離を保ったままでした。橋下知事としては議論の推移を見極めて最後の判断をするということだったのかもしれませんが、この議会終了時点で知事の辞職願を提出されたため職員基本条例はその後松井知事から提案されることになりました。

九月に行われた維新議員団との公開討論における論点は大きく三点ありました。まず、これまでも大阪府においては公務員制度改革を進めてきており、職員基本条例なるものは必要がないということ。第二に、議員提案の条例で知事の補助組織編成や職員の処分に関する詳細な規定を設けることは、任命権が知事の専権事項に属するという法理に反すること。第三に、職員に対して一定比率のもと五段階評価をつけるという相対評価はむしろ職員のやる気をなくすことにつながるということ。

公開討論にあたって、私と担当職員との間で細かな打ち合わせはしませんでした。時間がなかったのか記憶は定かではありませんが、基本的な内容は職員の間ですでに共有されていた、それほどひどい条例案であったということだと思います。

九月定例会での議論

維新から議員提案された条例案なので、本来は維新以外の会派と維新との間で議論が行われるのが基本ですが、九月の定例会では条例案に反対する会派から、「当事者」としての総務部長にその見解を求める質問がいくつかなされましたので、紹介をさせていただきます。

二〇一一年九月定例会　九月二八日

宗清皇一議員（自民）（職員基本条例は）違法性の疑いがあるというふうにも思われるんですが、職員の所管部長でもあり、法規の所管部長でもある総務部長にお尋ねをいたします。

小西総務部長　違法性の疑いがあるかということでございますが、私ども、条例を見させていただきまして、一つは懲戒、分限について詳細な規定を置かれています。しかしながら、条例で任命権者の裁量権を拘束するということになりますと、これは違法であると考えております。このことについては、先般の意見交換会でも申し上げました。その後、そういった部分について一定の修正がなされておりますので、あらためて現在検討しているところでございます。

それからもう一点申し上げましたのは、長を支える組織については、提案権は長に専属しておって、議員にはないというのが一般的な考え方です。

こういう考え方からしますと、今条例案にある準特別職という新たな職を設置すること、人事監察委員会という新たな組織を置くことについては、議員提案ではできないというふうに考えてございます。

それからもう一つは準特別職、多くの、ほとんどの幹部職員……すべての幹部職員を、といったほうがいいですかね、任期付き採用職員にするということが規定されておりますけれども、任期付きの採用職員につきましては、庁内に適材者がいない場合に、かつ、非常に専門性の高い職について採用できると、こういう法律になってございますので、すべての幹部職員を任期付き採用職員でもって充てるというのは法の趣旨にそぐわないというふうに考えてございます。

それからもう一点議論になりました、評価の問題でございます。相対評価で下位評価になった者については分限免職処分の対象になりうるということでございますけれども、これについては民間の事例でございますが、相対評価で下位評価になったからといって、直ちに社員としての能力がないという判断することについては間違っていると、こういう判決も出されております。

同　一〇月三日

宮原威議員（共産）　一九九〇年代から民間でも導入された相対評価は、短期的な成果にばかり目が向く、研究部門で基礎研究が軽視され、ものづくりの国際競争力低下につながる、ひどい場合は失敗しても上司に報告しないなど数々の欠陥が指摘されています。評価のあり方は、極めて慎重な検討が必要ではありませんか。

小西総務部長　議員からも指摘があったように、我々職員の取り組みに一定の時間がかかるというのはそのとおりでございますが、大阪府におきましては、職員の勤務意欲や資質、能力の向上により、組織を活性化し府民サービスの向上につなげるため、毎年度の実績に基づく絶対評価を実施しているところでございます。しかし評価というのは非常に難しゅうございまして、この間もできるだけ客観的な評価ができるように評価方法の改善、評価者研修の実施などを行ってきましたが、実際私もそうですけれども、評価する際には随分悩むところがございまして、なお課題があると認識しております。

今議員がお示しになりました、毎年必ず一定数の職員を下位区分とする相対評価に致しますと、頑張っても周りが優秀であれば報われないということになりまして、かえって職員のやる気をなくすことになると考えています。これまで相対評価を実施した民間企業でも、「どうせ私は下位評価」とあきらめる社員が生じ、著しく社内のモラールの低下をもたらしたという報告も聞いています。民間企業におきましては短期的な成果を追い求めるようになった、若手の育成に努めなくなったなどの弊害が指摘され、人事評価制度を毎年のように見直しているという報告も聞いています。

全体の状況についてはなかなか把握が難しいですが、上場企業及び上場企業に匹敵する資本金五億円以上かつ従業員五〇〇人以上の非上場企業を対象にした民間調査を基に、私どもの方で推計をいたしました。分布率を定め厳格に適用している企業は、平成一四年の約一七%から平成二二年の約一〇%と減少しており、全体から見ても少数であるという結果もございます。このため、民間における相対評価の実態やメリット、デメリットを十分検証する必要があると考えています。議員からもこの点慎重に検討すべきとのご指摘がございました。

先般の意見交換会では、評価は勿論ですが、私どもから十分に説明できなかった点を含め六八七点について意見、質問を出させていただいております。これらについては、一つ一つ丁寧にご議論をいただきたいと考えております。

そもそも、橋下知事になりまして、府では全国を先導する改革を行ってまいりました。本来ならば、その一つ一つについて到達点と課題の検討を行い、その上でなお基本条例なるものが必要かどうか判断されるべきものと考えております。

職員基本条例、知事提案へ

一〇月二二日、橋下知事が任期を三か月あまり残して辞表を提出、大阪市長選への出馬を表明したことで、職員基本条例も仕切り直しとなりました。大阪府知事選挙と大阪市長選挙が同時に行われるダブル選挙となった一一月末の選挙では、新しい大阪府知事として松井一郎[32]知事が誕生しました。

松井知事からは、「職員基本条例を知事提案したいので、もう反対しないでほしい」との話をいただきました。

職員である以上、知事の命に従うのは当然です。したがって、「わかりました。しかし、維新案そのままではなく総務部案を作成させてほしい」とお答えしました。これまで大いに批判してきた条例について、今度は提案者の立場になりました。担当職員にも大変な苦労をかけたことと思います。知事の思いにかない、かつこれまで違法だと批判してきた部分は変えなければならない。この難しい命題をよく解いてくれたものだと、担当された職員には今も感謝しています。

こうしてできた「総務部案」をもとに開かれた府市統合本部では、相対評価を巡って府市の特別顧問と対峙することになりました。相対評価はこの条例の肝にあたる部分だったので覆す

32　二〇〇三年四月の統一地方選挙において、大阪府議会議員に初当選（以後、当選三回）。二〇〇四年大阪府知事選挙では、現職の太田氏ではなく民主党を離脱したばかりの江本孟紀氏を応援。大阪府議団の自民党政調会長を務めた後、二〇〇九年四月、新会派「自由民主党・維新の会」を結成。二〇一〇年四月に橋下徹を代表に迎えて大阪維新の会を結成、松井氏は幹事長に就任。同会は二〇一一年一一月のダブル選挙において、大阪府知事に当選。二〇一五年再選。二〇一九年に府知事を辞職、同年四月のダブル選挙において大阪市長に当選（府知事には吉村洋文氏が当選）。二〇二三年四月の任期満了を以て大阪市長を退任。

ことは無理だろうと判断し、私は一年間の試行期間を勝ち取ることに全力を挙げました。試行期間中に制度の検証を行い、本格実施を阻止しようと考えたのです。

試行期間は無事勝ち取ることがかない、検証も行われました。結果、相対評価は職員のやる気を引き出すどころか逆にやる気を失わせているなどの問題点が明らかになりましたが、そもそも府の実態を考慮することなく提案された条例ですから、検証結果を示しても本格実施を阻止することはできませんでした。

また、職員組合への提案は交渉期間一週間という極めて短い乱暴なものでした。大阪府には二つの職員組合の連合会がありますがいずれも交渉は決裂、一つの交渉では提案者である総務部長の私が席を立つという異例の結末となってしまいました。「交渉を継続しろ。逃げるのか」という罵声を背中に聞きながら会場を後にした時には、何とも言えない寂しさを感じました。

そうした状況でしたが、公務員の場合勤務条件に関わる条例であっても労使合意が前提となっていないため、職員基本条例は松井知事就任の翌二〇一二年二月定例会に提案され、賛成多数で可決成立しました。数か月にわたって繰り広げられた維新との攻防は、私にとっては極めて不本意な形で決着したのです。

第六章　「都構想」

特別区設置協定案の否決

松井知事、橋下市長体制になって本格的に始動したのが、いわゆる「都構想」でした。

私は副知事としてこの問題を担当することになりましたが、この時には府・市の共同組織である「大都市局」が大阪市役所に設置され、この問題に関する事務は大都市局長の下で進められることになりました。大阪市を廃止し、その事務を大阪府と新たに設置される特別区に仕分けるという膨大な事務作業が進められたのです。そのため私には、大阪市を廃止し特別区を設置するために設けられた大阪府と大阪市の協議会（いわゆる「法定協議会」）が開催される直前に、その内容が報告されるという状況でした。

私はそもそも、基礎自治体の強化という地方分権の方向に反する「都構想」なる地方自治制度の改革に反対でしたが、知事の、言い換えれば維新の一丁目一番地であるこの制度改革に反対することは、その時の立場ではできませんでした。

二〇一四年年九月定例会で、「特別区を設置する協定書」が議会に提案されましたが、維新を除く自民党、公明党、民主党、共産党は反対の立場で論戦を展開しました。主な論点は、「都構想」の経済効果として示された「四〇〇〇億円」が本当に実現可能な数字なのかどうか、大阪市を廃止して特別区を設置することが本当に地方分権に資するのかなど多岐にわたり、結局この議会における賛成は維新のみで、「協定書」は承認されませんでした。

「都構想」は「協定書」の府と市両議会の不承認により終止符が打たれたはずでした。しかしその後、さまざまに報道されたような官邸を巻き込んでの政治工作があり、再び息を吹き返すことになったのです。

クリスマスの思いがけない知事からのプレゼント

私がそのことを知ったのは、転勤するという知人記者の送別会に参加中、二次会のカラオケで盛り上がっていた夜一一時頃のことでした。

私の携帯が鳴り、見ると松井知事から。こんなことは初めてのことでした（実はその後も知事から直接連絡があったことはなく、これが本当に最初で最後の出来事になったのですが）。周囲に気づかれないよう席を外して着信ボタンを押したところ、飛びこんできたのは「公明が賛成してくれることになった。年末に法定協議会を開くからな」という松井知事の言葉でした。

九月議会で「都構想」に反対した公明党が何に賛成するのかまったく理解できませんでしたが、私は知事にそのことを聞こうとは思いませんでした。むしろ、一度否決された「都構想」が政治によってよみがえってきた、きちんと行政的に検証され結論を導かれるべき課題が、政治的取引によってゆがめられたのだろうということを強く感じ、恐怖すら覚えました。その時初めて、このまま維新の知事を支える仕事を続けるべきなのか、という疑問が生じたのですが、そうして一度生じた疑問は日がたつほどに大きくなっていきました。

年末も押し迫った一二月三〇日、松井知事の言葉通り再開された法的協議会では、橋下市長から「先の議会に提出した協定書案と同じ内容の協定書を提案する。翌年の二月議会に提案し、住民投票を実施するため、一月一三日に協議会を開催し、協定書案を成案化したい」との提案がなされました。

これは、府市両議会で「不承認」となったものをそのまま、しかもわずか二週間ほどで協議会において議決するという驚くべき提案であり、維新以外の議員からはあらためて一から議論すべき、スケジュールありきの提案だと異論が出されたのは当然のことであったと思います。

「賛成する」とされた公明の委員からも、

「(示されたスケジュールについて)そのタイトな日程のなかで構造的な問題を根本的に議論し尽くしてやっていけるかどうか、非常に疑問を持っております。(協定書が)これまでと同じものでとどまるならば、私が一委員としてこれには賛成できないという思いを持っています」

との意見表明がありました。さらに、

「（来年一月）一三日の段階で、どのような協定書案についての態度を示していくのか、ちょっとこれはやはり今日お聞きしただけで私の一委員としては意見は言えましても、ちょっと会派としてしっかりと協議させていただいたうえで責任ある発言を次回させていただきたいと思いますので、そのようにお取り計らいいただきたいと思います」

橋下市長からの、提案を採決すべきとの意見に対しても、

「ここで結論を出してくださいというのは、ちょっと先ほど私が持ち帰らせてほしいということがまったく考慮されていないように思うんですが、どうでしょうか」

と異議を唱えられました。私も当然のことだろうと思いながら聞いていましたが、協議会会長（維新）が「トイレへ行きたい」として暫時休憩を宣言、松井知事は「ちょっといったん休憩させていただいて公明党さんの考えをまとめていただきたいと思います」と言われました。

再開後の協議会では、あらためて橋下市長から一月一三日に協定書案の結論を得るという提案がなされ、公明党の委員からは、

「先ほどちょっと持ち帰ることでいろいろ誤解があったようですけれども、一月一三日の開会、なおそこで協議会として協定書を取りまとめたいということについては了解させていただく」

という、休憩前の発言からすると極めて不自然な発言がなされたのです。休憩中にどのよう

なやり取りが行われたのかわかりませんが、随分オープンに議論をしてきたこれまでの府のやり方と比べて強い違和感を感じざるを得ませんでした。

年を明けた府議会の二月定例会では、公明党が「協定書」には反対だが住民投票には賛成するという、誰もが理解しがたい論理を展開しました。

公明党の討論[33]　**二〇一五年三月一七日**

今議会に提案された特別区設置協定書は、昨年九月議会に出されたものと骨格部分は何も変わっていません。

私たちは、これまで毎年約四〇〇〇億円あると知事が主張していた再編効果は、毎年一億円にすぎないこと、特別区は平成二九年の発足から五年間収支不足となり、その累計は八五八億円、一部事業が民営化されない場合は一〇七一億円の赤字となること、特別区は中核市並みの権限を持たず、その自主性と財源保障が不確実であること、都区協議会については意思決定の仕組み、紛争処理の方法等が不明確で、将来のトラブルが懸念されること、予算規模六〇〇〇億円を超える大規模な一部事務組合を設立することで、府、一部事務組合、特別区の三層構造をつくり出し、区民の声が直接届かない仕組みとなることなど

33　提出議案の採決に先立って会派ごとに議案に対する会派としての見解を述べたもの。府政全般にわたる見解を述べることもある。

を指摘してまいりました。

　こうしたことから、二重行政の解消、中核市並みの権限、毎年四千億円の効果という目的が、まったく達成されないことを協定書は示しています。

　さらに、大阪市を廃止し特別区を設置することで、法人格を超えて一万三〇〇〇人を超える大規模な職員の異動が必要となり、人事上の問題が発生する可能性があるほか、特に特別区に設置されることで大幅な職員増が求められる児童相談所における専門職の配置をはじめ、職種ごとで生じる職員の過不足への対応など、現時点ではまったく明らかではありません。

　特別区の設置日を決めた法定協議会において議論が尽くされていないことは明白であり、住民サービスが間断なく安定して提供できる体制になるのか、極めて疑問であることが明らかになりました。

　以上のとおり、協定書は、極めてずさんなものであり、この協定書をもとにした都構想には断固反対であると申し上げます。

　しかしながら知事は現在、自身の政治目的のために対立の姿勢を強め、府政は混乱し、府民のために本来なすべき仕事にも負の影響が出ています。我が会派は、このような不毛の対立を収束させるため、住民投票で決着をつけることを決断し、議案としての協定書を承認するものです。

こうして公明が維新の側についたことで、いよいよ住民投票が実施されることになったのです。

この時に至って、私の副知事職を継続することへの疑問は、辞職への決意と変わっていきました。このままでいくと、自分の公務員としてのキャリアからはどうしても賛成することができない「都構想」の実施責任者になってしまうと思いました。住民投票は事前の予想では賛成多数になるだろうと思われており、そうなると大阪市を廃止し、特別区を設置することによる府と市の事務移管等の実務責任者に私がつくことになります。

このため、二〇一五年五月一七日に実施される住民投票の翌日付で辞職することにしたのです。もちろん、突然の辞職では知事ばかりか府庁組織にも迷惑をかけることになります。そこで私は、四月になってから五月一八日付の辞表を知事に提出しました。ただその際、私の本当の思いを告げることはできませんでした。これから住民投票に臨む知事に、「都構想」に反対だから辞職するとは言えなかったのです。

「住民投票が賛成多数なら特別区設置の作業が始まるが、私の任期はあと一年数か月で中途半端になります。一から新しい副知事の下で以降の作業をすべきだと思うので、住民投票の翌日付で辞職したいと思います」という理由を述べての辞表提出でした。知事にとっては理解しがたい辞職の申出であったと思いますが、松井さんはそれ以上の理由は聞かれず、「もし住民投票がバツだったら、広げた風呂敷をたたむまで付き合ってほしい」と言われ、私も「わかりました」とお答えしました。

なんでもありの維新政治

実は、第一回目の住民投票に持ち込むため、維新は多数を占める議会運営委員会において特別区設置（「都構想」）に関する法定協議会で徹底した議論を求める議員を排除し、法定協議会のすべての委員を維新で独占する[34]というおよそ議会制民主主義に反する暴挙を行っていました。

これに対し、排除された自民、公明、民主会派は「大阪府・大阪市特別区設置協議会委員の推薦手続きに関する条例」の制定を求め、二〇一四年七月臨時議会の開催を請求しました。議員から適法な臨時議会招集の請求があった際、長（知事・市町村長）は「請求のあった日から二〇日以内に臨時議会を請求しなければならない」（地方自治法第一〇一条第四項）との規定があるのですが、松井知事は招集を拒否しました。その理由は、「議案が議会に関わることだ

34　大阪都構想の設計図である「特別区設置協定書」は、「大都市制度（特別区設置）協議会」通称、法定協議会で協議して作成する。法定協議会は大阪府知事、大阪市長と大阪府市両議会の各会派の議員ら計二〇人で構成され、最低でも一〇人の委員の足並みがそろわなくては特別区設置協定書を仕上げることができなかった。二〇一四年、橋下市長（当時）は自民党、民主党、共産党、公明党会派の委員を維新の委員に入れ替えて、特別区設置協定書案を可決した。

から」というものであり、長が招集しない場合でも「議長は、臨時会を招集することができる」（「地方自治法第一〇一条第五項」からと言われたのですが、驚くほかありません。

まず、臨時議会の招集の請求があった場合には、知事は議案の内容にかかわらず臨時議会を招集する義務を負っているのです。さらに松井知事が理由とする「議長の招集」は、鹿児島県阿久根市で議員の請求があるにもかかわらず議会の同意が必要な副市長の選任などについて議会を開かず専決処分が繰り返される事態が生じたために、地方自治法が改正され、そうしたことがあった場合の補完措置として追加されたものです。この地方自治法改正が検討された際、議会の招集権を長から議長に移してしまおうという意見もありましたが、全国知事会は「そんな馬鹿な知事はいない」と反論し、補完的な議長の招集権に落ち着いたわけです。

ところが「そんな馬鹿な知事」が、あろうことか私がお仕えする大阪府知事だったわけです。その時の、大阪府職員としての恥ずかしい思いは今も忘れることはできません。そして、提案された条例が過半数で可決されると、「議会のルールに関する事なので、招集の判断は議長にお任せした」（松井知事）にもかかわらず、「法定協議会の今後の運営に支障をきたす」として「再議」[35]に付したのです。長が再議権を行使すると、三分の二の賛成がなければ可決されません。こうして、「大阪府・大阪市特別区設置協議会委員の推薦手続きに関する条例」は否決さ

35　議会の議決について、①地方公共団体の長に異議がある場合、または②違反がある場合、再度審議および議決を要求する制度。

れました。

法定協議会から維新以外の議員を排除するという暴挙、次に事態の正常化を図ろうとして請求された臨時議会を招集しない暴挙、過半数で可決された条例を再議権をもってなきものとする暴挙。この臨時議会には三つの暴挙が重ねられていました。松井知事の下ではこの再議権が乱発されました。橋下知事の下では、大阪府において地方自治法制定後初めての再議権が行使されましたが、この時は知事の改革案が議会で修正されたことに対して再度否決されることも覚悟したうえでの、知事の意思を示す再議でした。これに対し松井知事が行った再議は反対論を抑えるために行使されたものでした。松井知事が再議権を繰り返し使ったことにより、大阪府議会における過半数原則は有名無実化することとなりました。

一回目の住民投票は僅差（約一万票、比率で一％の差）で反対多数となり、私は約束通り、松井知事の一期目の任期終了日、二〇一五年一一月二六日付で辞職させていたくことになりました。しかしその後も、「広げた風呂敷」がたたまれることはありませんでした。松井知事らは、住民投票での「都構想」否決を受けて市と府の新たな関係を構築すべく設置された府市の協議会の進行を徹底的に妨害し、「ポンコツ協議会」と悪罵を投げつけ、二度目の住民投票に持ち込んだのです。

第七章　知事選挙出馬

二〇一九年三月九日、ガンバ大阪の応援から帰ってきた私に、先述の朝倉議員から電話がありました。来たる四月七日投開票の大阪府知事選挙において、自民党は俳優・タレントの辰巳琢郎氏に出馬依頼をしていると報じられていたころです。

電話の内容は、「辰巳氏がどうも出馬しないようだ。その場合出馬してくれるか」というものでした。実は同年一月ごろ、朝倉議員とある会合でお会いした時にも、「知事選に出るつもりはあるか」と聞かれ、その時はまったく現実的な話ではないと思われたので、私は「推してくれるところがあるなら考える」と軽い気持ちで答えていたのでした。その時のことが心に残っていてのお電話だったのだと思います。

翌日テレビを見ていると、辰巳氏が取材を受けている様子が流れ、「これで私が出馬する話はなくなった」と思い布団に入った〇時過ぎ、「辰巳氏が断ってきた。決意してくれ」と、二度目の電話がありました。

家族の了解も必要だし、その当時携わっていた社会福祉協議会の問題もあるからと、「少し時間が欲しい」と答えましたが、どこから漏れたのか、一一日朝にはマンションに、そして出勤すると社会福祉協議会に、多くのマスコミが押し寄せる騒ぎとなったのです。あまりに突然のことで、マンションの住民の方々や社会福祉協議会の職員には大変ご迷惑をおかけしました。

コラム5　サッカーと私

府庁サポーターズクラブ結成総会の様子（提供：小西）。

私は中学・高校とサッカー部に属し、大学では同好会で、府庁では富田林土木で、とにかくサッカーボールを追いかけまわしてきた。決してテクニックのある選手ではなかったが、身長の低さにもかかわらずセンターバックとして堅い守備を誇っていた。自慢はキャプテンとして臨んだ県の新人戦でベスト4に入り、近畿大会に出場したこと。

本庁勤務となってからは自らプレーする機会もなく、もっぱら地元のガンバ大阪の応援に回った。スタジアムで府職員にばったり遭遇ということがちょくちょくあったことから、府庁に応援団を作りたいと考えるようになり、ガンバ大阪がJ2からJ1に復帰した二〇一四年二月一七日、府庁サポーターズクラブを結成した。

結成総会にはガンバから当時の野呂輝久社長と長谷川健太監督がJ2の優勝シャーレを持って駆けつけて下さった。このシーズン、ガンバ大阪はJ1、天皇杯、ナビスコカップの三冠をとるという快挙を成し遂げたが、我々の応援が少しでも力になったのではないかと自負している。その後、もう一人の副知事がセレッソ大阪のサポーターズクラブを立ち上げてくれ、コロナ禍以前の大阪ダービーでは合同の観戦会も開催してきた。

五〇を過ぎてからまたボールを蹴りたくなってフットサルを始めたが、参加者は徐々に増え、一〇〇人を上回る参加者を集めての「コニタンカップ」を主宰するまでとなった。

家と職場にマスコミが押し寄せた三月一一日午後、私は自民党大阪府連に赴き、家族を選挙に巻き込まないことや選挙費用は出せないことなどを当時の左藤章府連会長に確認したうえで、出馬を決意しました。

最初に電話をいただいた九日から一一日までという短い期間で出馬を決意したのは、それでも維新府政を変えたいという思いがあったからです。また、この二〇一九年春の大阪府知事選挙は、「都構想」を進めるうえでの「公明党との約束」が守られないことを理由に知事・市長が辞職して行われたものであり、しかもそのまま出馬すると一一月までの残任期となるので知事・市長を入れ替えて出馬するということに強い憤りを感じていたからでした。

同日中にさっそく行われた出馬会見では、「政党間の協議、調整がうまく整わなかったから辞職して選挙に訴えるというのはあまりに知事・市長の職を軽んじている」、「『都構想』の議論に終止符を打ちたい。今後の大阪の成長を議論すべきだ」ということを強く主張しました。[36]

事実上の選挙戦は翌日からスタートすることとなりましたが、投開票まで一か月をきっており、その「準備の遅れ」は想像以上のものでした。公約づくりや政見放送の原稿づくりなどを立候補者自らがするべきというのは建前として理解していましたが、本当に自分で一から作ることになるとは思いもしませんでした。自民党からは課題を列挙した数ページの資料を提供されましたが、もちろんそのままでは公約として使えません。困った私は、それまで勉強会等で知り合いになっていた友人たちに集まってもらい、公約づくりの作業を一から始めました。

まずは、公約の基調をどうするか。維新の売り文句は「改革と成長」、「成長を止めるな」。長らく低迷してきた大阪経済ですが、当時はインバウンドブームで活況を呈していました。それをもって、いかにも維新が大阪経済を成長させたかのような宣伝が盛んに行われていまし

36 二〇一八年一二月、住民投票の実施時期をめぐって公明党との交渉が決裂したことを受けて、松井知事と吉村市長は翌年四月の地方統一選挙に合わせて任期途中で辞職し、「出直し選挙」を行うと表明。知事・市長のポストを入れ替えて立候補する異例の「クロス選」となった。出直し選の場合は当選しても任期満了時に再び首長選が実施されることから、松井氏は「知事のまま出直したら、もう一度一一月に選挙をしなければならない」として、市長への出馬の理由を語った。

小西元副知事が出馬表明

大阪知事選

自民の要請受諾「反維新」結集めざす

府知事選への出馬を表明する小西氏（11日、大阪市北区）

出馬会見を報じた新聞記事。

た。また、そうした期待を持った府民も少なからずおられることも事実でした。これに対しては、この間の大阪の成長率が全国平均以下であること、さらには近畿平均以下にとどまっていることなどの客観的な数字を示した反論が行われていましたが、「成長」そのものが否定されるべきではありません。では私たちはどのような「成長」を府民に提示できるのか。導き出された結論が、「成長を分かち合える大阪」というキャッチフレーズでした。

公約では、今の大阪の成長は「大阪全体の成長」になっていないということ、ものづくりのまち大阪の「製造品出荷額」は全国平均を下回って減少していること、全国的に「卸売販売額」が増加するなか、商都大阪においては減少していること。それらの結果として、他府県は増加傾向にある世帯あたりの可処分所得が大阪では減少しており、「すべての府民が成長を実感できる状況にはない」ことを明らかにしました。そのうえで、ものづくり中小企業やバイオ・医療、商都大阪の強みを生かした産業活性化や、地域再生・コミュニティ再生の拠点としての商店街の活性化に力点を置くべきことなどを訴えました。

こうして、「成長を分かち合える大阪」に「人口減少社会においても輝く大阪の実現」と「健康で安心して暮らせる大阪の実現」をあわせた、三つの公約を打ち出したわけです。

これらはその時の思いつきとして出てきたものではなく、大阪府職員としての経験からこうあるべきと考えてきたことの延長線上でまとめたものでした。維新の言う「成長」は万博であったり、大阪ＩＲであったり、とにかくカンフル注射的に大阪を元気にすることであって、日々の鍛錬で足腰を鍛えていく元気策ではありません。ですから見た目にはいかにも元気になっていくようですが体は日々弱くなっていくということを、「成長を分かち合える大阪」という文句に込めたのですが、その思いが十分府民に伝わらなかったのは選挙結果が示す通りです。

公約や政見放送の原稿づくりなどは府職員としての知識や経験で対応できた部分もありましたが、テレビ討論や演説などではそれ以外の力が必要とされることも多々ありました。

最初にテレビ討論に出演した際には、一緒に出ていたコメンテーターから、私の服装が時代遅れであることや姿勢が猫背である等のアドバイスが人を介して送られてきました。宣伝カーでは、マイクを握っていないときには道行く人に絶えることなく手を振ることを求められました。握手をする際には腰を低くしても上体は常に適度な緊張を保つこと、目切りが早いとの注意も受けました。そして私が一番困ったのが「笑顔」でした。そういえば橋下さんは府民と接する時、上手に笑顔になっていたなあと思いだしたりしていました。府職員時代にはおよそ気にしなかったことを次々と求められることには正直参ってしまいました。あまりに何度も注意されるものだから、「これが私の地です。これからは地でいきます」と開き直ったこともありましたが、それにしても政治家とは大変な仕事なんだなと痛感しました。

もう一つ選挙戦で忘れられないのは家族の協力です。立候補を決意するにあたって自民党の左藤府連会長に確認したことの一つに「家族を選挙戦に巻き込まないこと」というものがありましたが、この約束は早々に反故にされ、私が顔を出せないところへは妻と息子があいさつに行ってくれました。私より妻の帰宅の方が遅くなることもありました。妻は朝早く家を出る私と迎えに来てくれた運転手と秘書に毎朝おにぎりを作ってくれました。最後の街頭演説の際には妻も選挙カーの上に立って、「夫にこの仕事をさせていただきたい」との訴えをしてくれました。私より相手の心に届くスピーチに脱帽したものです。

準備の遅れがあったものの、今回の選挙には大阪の有権者も大いに憤っているに違いないという私の思いは見事に打ち砕かれました。投票終了後には、相手維新候補の「当確」が直ちに出たばかりか、期待していた市長選のほうも同時の維新候補の「当確」発表でした。

ほとんど知名度のない私に一二〇万人という多くの方が投票してくださったことには本当に感謝していますが、結果は前回同様のダブルスコア――。「なんでやろう」と暗澹たる気持ちになってしまいました。

第八章　二度目の住民投票

統一地方選挙、その後の衆院補選でも維新が圧勝したことをうけて、公明党が民意は示されたとして「都構想」に賛成へと舵を切り、二〇二〇年一一月一日、二度目の住民投票が実施されることとなりました。

「都構想」という言葉自体がまやかしですが、二度目の住民投票に際しては辻褄をあわせるために当初の構想からどんどん陳腐なものになっていったという気がします。

大阪市を廃止して特別区[37]を設置すると設置後一五年間で一三〇〇億円から一五〇〇億円かかるとの批判に対して、市役所本庁舎＝中之島庁舎を活用すれば三一四億円の費用減になるという試算が維新によって出されたのも、先述の選挙で維新が大勝した後、二〇一九年一〇月のことでした。これは、特別区を設置した場合に不足する執務スペースとして中之島庁舎を活用

37　大阪市を解体した場合、淀川区（現・東淀川区、淀川区、西淀川区、此花区、港区）、北区（現・北区、福島区、都島区、旭区、城東区、鶴見区、東成区）、中央区（現・中央区、西区、浪速区、西成区、大正区、住吉区、住之江区）、天王寺区（天王寺区、阿倍野区、生野区、東住吉区、平野区）の「特別区」四区を設置するとされた。住民投票では、現状維持か大阪市廃止・特別区の設置、どちらかを選択することとされた。

する案ですが、このため〝新〟淀川区では約八割、〝新〟天王寺区では約五割の本庁職員が他の区で職務をとるという前代未聞のことが生じます。特別区設置はより住民に近いところで行政を展開するためのものだと言いながら、職員が他の自治体の行政区域で職務をとる案が平然と出されるのを見ると、彼らの言う「地方自治」や「地方分権」とは何なのだろうと思ってしまいます。

また、特別区が設置されることによって今の区役所が一か所に集約されると不便になるとの批判には、区役所は「存置する」との答え。つまり、〝新〟北区には「北区本庁舎」と「北区役所」ができるというわけです。北区民は一体どこへ行けばいいというのでしょうか。ここまでくると柔軟、融通無碍というより、まったく「ええかげんな話」で市民を愚弄していると言わざるを得ません。

では、維新は都構想によって一体何をしようとしているのか、何をしたいと考えているのか。これは、二〇一九年のダブル選挙時のテレビ討論、そして二度目の住民投票に際してのテレビ討論における松井さんの発言で明らかになっています。

前者では、「府と市の強力な権力が二つある。二つは並び立たないから一つにする必要がある」との発言がありました。候補者として出演していた私は、「市長・知事は市民・府民の代表であってそれを権力というのはおかしい」と指摘しましたが、それはさておき強力な権力を手中にしたいという本音が明らかとなりました。後者では、「『都構想』のめざす経済成長とは何か」と聞かれ、「大阪市の経済力を東京並みにすること。そうすれば周辺の吹田市なども潤う」との発言がありました。ここでは、周辺都市の自主的な発展を無視している点はさておき、都心部が良くなることが大阪全体の発展になるという、都心中心主義の考え方が明らかになっています。

この「都構想」＝大阪市を廃止して特別区を設置する案への批判としては、「大阪市の権限、財産、市民が蓄積した財産が府に奪われる」ということがよく言われていましたが、それだけにとどまらず、これまで府域全体の発展をめざしてきた大阪府が、大阪市内のことにかまける自治体に変質してしまうというのが実体であると思います。「都構想」は大阪市民だけではなく大阪府民にも不幸をもたらすのです。

二度目の住民投票に臨んで、私はどの政党にも団体にも属していないため一人では何もできませんが、逆にどこからの要請であっても応じようと決めていました。実際、自民党府連の対策本部のメンバーに招かれるとともに、いろんなところから講演の依頼がありました。政党間にはいろいろ複雑な思いなどがあって一緒にできないことがあるようですが、私にはそんなことはまったく関係ありません。「都構想」に反対しているならどんなところへも出かけて行こうという気持ちで臨みました。知事選挙のリベンジの機会を与えてもらったという思いだったのです。

なかでも、本書を共同で執筆してくれている若い方が中心となって自主的に作っている「残そう、大阪」[38]の皆さんには、八月の勉強会から始まって、SNSで発信するためのインタビューや維新議員とのネット討論、そして最終盤には阿倍野駅前での街頭演説（今回私の行った唯一の街頭演説）と、さまざまな場面で参加させてもらいました。街頭演説の予定場所に行くとすごい人盛り。「動員力があるんやな」と思って見ると、辻元清美さんの街頭演説が行われているところでした。ヒョウ柄の服を着た女性たちの前で辻元さんがマイクを握っていました。「やっぱり演説上手やな」と、私も一聴衆として聞きほれてしまいました。彼女たちの演説が終了してすぐ、大型のビジョンカーが入ってきました。聞くと、二五〇〇万円以上のカンパを集めて借りたとのこと。若い力は大したもの、まだまだ大阪も捨てたもんやないと励まされる思いがしました。

「残そう、大阪」での街頭演説の様子（提供：福田）。

そうして行われた演説会では、福祉施設で働く方や支援学校元教員の方などから現実に照らした問題提起が次々と行われ、もう私の話はええやろと思いつつマイクを握ったのですが、

38　二〇二〇年一一月の住民投票で「反対」票を呼びかけるとして市民が展開したキャンペーン。

「都構想」への怒りが抑えきれず熱弁をふるってしまいました。

投票前日は諸般の事情で宣伝カーに立つことができなかったのですが、その時話したかったことをフェイスブックに投稿しましたので、ここに転載いたします。

投票日前日市民の皆さんへの最後の訴え（少し長いですが是非ご一読ください）

【今行政がすべきことは何か】

今行政がすべきことは何でしょうか。インフルエンザと新型コロナ二つの波がもうすぐおそってくるかもしれません。それへの備え――感染症予防対策の強化と医療体制の整備を急ぐ必要があります。コロナで大きな打撃を受けた飲食業、商店、旅行業、中小企業の皆さんの生活と営業の支援もひきつづき行う必要があります。また新型コロナをはじめ新たな感染症と同居できる社会づくりにも着手しなければなりません。コロナ禍で明らかとなったインバウンド頼みの成長戦略の脆弱性。大阪の持てる力を強めるしなやかでしたたかな成長戦略を創っていく必要があります。こんな時に大阪市を廃止し、特別区を設置するために市と府の職員に膨大な労力と時間を費やさせてはなりません。行政が今なすべきことにしっかり取り組めるよう「反対」を投じてください。

【市財政局の試算】

今週、市財政局が指定都市大阪を四分割すると今より二一八億円経費が増大するという試算を発表し、しかもこの増大する経費の財源が補填されない、区民の負担になることから大きな話題となりました。これに対し松井市長らは「指定都市のまま分割した試算」「考慮すべきものを考慮していない」などと財政局を叱責し、財政局長に謝罪までさせました。しかし、試算の方法云々は些末なことです。この問題の本質は、「市を分割すれば経費は増大する」これは誰でもが理解できる道理です。「そしてその財源が補填されない。区民にとっての負担、リスクになる」ということを市民にきちんと伝えることが市長の責務であり、これまで松井市長をはじめ維新の皆さんはこのことをひたすら隠し続けてきたということです。松井市長は財政局を責めるのではなく、自分が果たしてこなかった説明責任の一端を担ってくれたと感謝すべきぐらいの話です。財政局が副首都推進局[39]に提出した文書に「住民投票にあたって特別区移行後の姿を正しく伝えるという市民への説明責任を果たすためにも十分な検証のもと、議論途上から（多くの重大な懸念事項を）明確にしておくことが行政としての責任です」という一文があります。市民の生活に寄り添い、職員としての責務を果たそうとする静かな決意が伝わってきます。大阪市民はこのような

39 府・市の内規である「要綱」に基づく組織として、二〇一五年一二月に設置された。二〇二五年の国際博覧会（大阪・関西万博）の誘致や大阪府立大・大阪市立大の統合などについて協議し、府・市の方向性を一致させてきた。二〇一七年九月には「都構想」の原案となる「特別区素案」もまとめている。

職員を持っていることをぜひ誇りに思っていただきたいと思います。

【維新は市民に何を語っているか】

それに引き換え維新が言っているのは「市を分割し人口規模を下げると行政経費が低減し年間一〇〇〇億円削減できる。これを投資に回すと一〇年間で一・一兆円の経済効果があるので住民サービスを（ジャンジャン）引き上げます」と。しかし、この一〇〇〇億円削減がまったく成り立たないことは行政マンならだれでも知っている常識です。だからこれを前提とした経済効果はありえない話です。ありえない話で一三〇〇億円の特別区設置費用を「投資」として納得させようとしているのです。みなさんどこかで聞いたような話ではないですか。「今投資していただいたらこんなに儲かりまっせ」詐欺商法とまったく同じロジックです。こんな欺瞞を許してはなりません。

【維新の目指す大阪は】

こんな手法まで使い賛成票をかすめ取って作ろうとしている彼らの大阪はどんな大阪でしょうか。松井市長は、「大阪府知事の進めようとしていることに大阪市長が異論を唱える。これが最大の二重行政で大阪の成長を停滞させている」と発言しました。ちょっと待ってください。市長の異論は市長の個人的見解ではありません。大阪市民の総意、市民を代表しての意見です。それが成長の妨げになる二重行政だからこれを永久に解消するというのは、つまり未来永劫大阪市民が異論を言えないような制度を作るということになります。まさに暗黒の大阪です。絶対に許してなりません。

【輝かしい大阪の未来をつくるために】

大阪市の大きな権限と財源は職員や議員のためにあるのではありません。市民のためにあるのです。確かにかつて大阪市には事業の失敗や職員の厚遇などの問題がありました(府職員であった私が偉そうにいう問題ではありませんが)。だからといって大阪市をなくしてしまえばその権限、財源を市民のために活用することは永遠にできなくなります。問題があれば叱ればいい。そして大阪市の権限と財源を市民のためにもっともっと有効に活用させる、市民と大阪市の新たな協働を作っていくことがこれから歩むべき道だと思います。

大阪市と大阪府が連携・役割分担をする、時に衝突してもいいじゃないですか、これが大阪の成長・発展のための試され済みの確かな道筋です。

とんでもない構想である大阪市廃止解体に「反対」を投じることが輝かしい大阪の未来に向けての力強い第一歩となることを私は確信しています。

住民投票の結果、大阪市民は大阪市廃止に再びＮＯの判断を下しました。

副知事辞職から始まった私の活動もこれをもって終わりにしたいと思っていたのですが、投票翌日からただちに広域行政一元化条例[40]なるわけのわからないものが出てきたため、ひきつづき活動せざるを得なくなってしまいました。この点については【資料】として収録している別稿もご参照ください。

第一部のおわりに

橋下氏が知事に就任されて以降、私にとっては「橋下劇場」が私の舞台ともなり、橋下氏降壇後も私はひきつづきその舞台に残っていました。田舎に帰った時に橋下さんに批判的なことを言うと、亡き母に「あんたが今あるのは橋下さんのおかげやろ。橋下さんに反対したらアカン」とよく言われたものです。

橋下知事と毎日のように議論をした時のことが今は懐かしく思い出されます。私より随分と若い知事で、その精力的な働きぶりに半ば呆れながら必死についていきました。ことあるごと

40　大阪府と大阪市の広域行政の一部を一元化する条例。「都構想」が住民投票で否決された直後の二〇二〇年一一月、松井氏が条例による一元化を主張。条例は市の都市計画権限のうち大規模再開発や鉄道・高速道路整備など七分野を府に事務委託するのが柱。当初、事務委託の対象は「都構想」で委託対象となっていた四二七事務と二〇〇〇億円程度の財源の一部で水道や消防も含むとされたが、その後大幅に縮小された。都市計画の権限を政令指定都市から道府県に移すのは全国で初めて。

に苦労している職員のところへ自ら足を運び激励し、また時には注意をする知事には、これまでの知事にない姿に感動し感謝しました。橋下知事の下で行った「財政再建」にはさまざまな評価があると思います。緩やかな改革から急激な改革に舵を切ったことへの批判もありますが、府の財政運営の問題点をすべてさらけ出したという意味では、その時代の要請に応えるものだったと思います。

自治体職員として、個々の問題で知事と考えが異なることは橋下氏に限ったことではなく常に起こりうることですが、維新が職員基本条例を提案するという際、知事がその理由として「議員をまとめるのが難しい」と言った時には、それまでの橋下さんには抱くことのなかった距離感を感じざるを得ませんでした。

その後、松井知事の下で副知事に就任させていただくことになりましたが、このまま維新府政を支えていってよいのかという疑問は私のなかで徐々に大きくなり、任期途中での辞職に至ったことは先に述べたとおりです。

橋下さんが知事就任後掲げた大阪府改革の理念――エビデンスをもとにした行政、意思決定過程を明らかにし行政の透明性を確保する行政――はいまやまったく地に落ちたと言わざるをえません。いまや物言えない府庁になっているのではないかと、強く危惧せざるをえません。

維新政治といってもすでに一〇年以上続いており、まさに今の大阪府政、大阪市政ということになります。党派がどうということではなく、府政・市政が府民・市民のために働く行政になること、大阪が元気になるために汗をかくことを、府民・市民は望んでいると思います。そういう思いで、これからも府政・市政を見守っていきたいと考えています。

【資料】府市一体化・広域行政一元化条例と維新政治[41]

はじめに

二〇二〇年一一月一日、大阪で二度目の「住民投票」が実施された。大阪市民が選択したのは前回同様「大阪市廃止・特別区設置」に反対、すなわち指定都市大阪市の存続を求めるものであった。この住民投票の結果を受け大阪市に求められるのは、指定都市の権限・財源を地域の発展と市民生活の向上に積極的に生かしていくこと、そして大阪府には指定都市大阪市との協力・協調の関係を築いていくことであると私は考えていた。しかしながら、松井市長、吉村知事は住民投票が終わったその週に、住民投票の賛否が拮抗していたことをもって「二重行政の解消、広域行政一元化」も民意だとして、そのための条例を提案することを表明した。コロナ禍での住民投票実施に多くの市民が危惧する中で〝究極の民主主義〟として住民投票を強行実施しながら、示された民意をいとも簡単に投げ捨てる維新政治にあ然とするとともに、言い

41　初出：小西禎一「広域行政一元化条例と維新政治」（『月刊自治研』二〇二一年七月号所収）。転載にあたって若干の改稿を行った。

知れぬ怒りがわいてきた。

本稿では、「大阪府及び大阪市における一体的な行政運営の推進に関する条例」（以下「府市一体化・広域一元化条例」という）の問題点と、その大元であるいわゆる「都構想」とは一体何だったのか、そしてこの間の一連の行動で明らかになった維新政治の本質とは何か、合わせて論じてみたいと思う。

大都市制度の沿革と課題

（1）大都市制度の沿革

最初に、「都構想」を理解するために我が国における大都市制度の沿革について概観しておきたい。

我が国で近代的な地方自治制度が確立されたのは、一八八九年の市制・町村制、翌年の府県制の制定であったと言われている。この市制度と同時に、その特例「市制中東京市京都市大阪市ニ特例ヲ設クル件」が定められた。この特例は、
①三市には市長、助役を置かず、その職務は府知事及び書記官が行う。
②市参事会は府知事、書記官、名誉職参事会員をもって組織する。

③収入役、書記、その他附属職員の職務は府庁の官吏が行う。

というもので、三市は成立早々その実態を失うこととなった。まさに「都構想」のめざす「府市一体化」を完全に実現したものと言える。しかし、三市、衆議院が廃止運動を展開し、特例は一八九八年に廃止された。なお、同時に三市を特別市とする法律案も提案されたが成立しなかった。

一九二二年には「六大都市の行政監督に関する法律」が制定された。これは、三市に横浜市、神戸市、名古屋市を加えた六市については、その事務処理に要する府知事の許認可を一部不要とするもので、今日の指定都市制度における関与の特例につながるものである。なお、前出の「特別市構想」に対抗して「都制構想」が出されたが、これは市ではなく府を廃止するというもので今の都制度とはまったく異なるものであった。

大都市制度としては一九四三年、帝都防衛を目的として「市を廃止し、都が市たる地位に立つ」という東京都制が成立する。また、一九四七年に地方自治法が制定され特別市が制度化されたが、大都市と府県の対立によってその実現を見ることはなかった。しかし大都市に特例を認めるべきとする意見は根強く、一九五六年、現行の指定都市制度が成立した。

（2）大都市制度の課題

大都市制度の沿革から見えてくるのは、第一に「指定都市制度は、大阪市などの大都市と市民の長きにわたる努力によって獲得した自治権拡大の現時点における到達点である」ということである。そして、その後半世紀以上にわたって、この制度を運用するという実績を築いてきていることがわかる。しかしながら第二に、我が国の大都市制度は戦時に誕生した都制度を引き継いだため、基礎的自治体の権限を一般市より大幅に制限された都制度（特別区制度）と一般市より大きな権限を持つ指定都市制度という一八〇度異なる二つの制度が併存することとなり、いずれその理論的な整理を行う必要があったこともわかる。[42] 特別区においてはその後事務権限の強化が行われ、二〇〇〇年の自治法改正によって特別区が「基礎的な地方公共団体」であることが明記された。しかしながら、まったく方向を異にする大都市制度の併存をどう考えるのかという議論が正面から行われてきたことはなかったと思われる。そのことが、地方分

42　一九八八年地方制度調査会「社会経済情勢の変化に伴う基礎的自治体（地方公共団体）のあり方についての小委員会報告」より。
　第2都区制度等大都市制度について
　1　大都市制度のあり方
（1）我が国の大都市制度としては都区制度と指定都市制度とがあるが、大都市制度のあり方についてどう考えるか。
（2）都区制度においては都が一般の市町村の事務の一部を処理し、指定都市制度においては指定都市が一般の府県の事務の一部を処理しているが、これをどう考えるか。

権改革が進められた今日において、これと明らかに逆行する「都構想」が持ち出される余地をつくったと考えている。

二〇一三年六月（第三〇次）地方制度調査会は、「大都市等に関する地方自治制度のあり方を議論することが必要な時期が到来している」として『大都市制度の改革及び基礎自治体の行政サービス提供体制に関する答申』を示した。非常に重要な問題提起を含んだ答申だったと思うが、残念なのはこの答申の前に「大都市地域における特別区の設置に関する法律」が制定されていたことである。これは「都構想」を実現するための手続法であり、さまざまな政治的思惑から議員立法されたもの[43]である。本来あるべき大都市制度論が整理されて後、その実現のための手段が講じられるべきところが、まったく逆転してしまったのだ。

答申では、指定都市と都道府県の「二重行政」の解消について、「指定都市が処理できるものについては、できるだけ指定都市に移譲することによって、同種の事務を処理する主体を極力一元化することが必要である」、「都道府県から指定都市に移譲する事務を検討する際には、（略）都道府県と指定都市の関係は都道府県間の関係と同様に考えることを基本とすべきである」とし、さらに「これまで言われてきた『二重行政』を解消するためには、このような事務の移譲及び税財源の配分に加え、指定都市と都道府県が公式に政策を調整する場を設置するこ

43　詳細は本書第二部第三章を参照。

とが必要である」（これは地方自治法改正によって「指定都市都道府県調整会議」として制度化された）、さらに「特別市制度」について、「二重行政」の完全な解消に加え「大規模な都市が日本全体の経済発展をささえるため、一元的な行政権限を獲得し、政策選択の自由度が高まるという点にも意義がある」として、「さまざまな課題を今後検討していく必要がある」としている。

この答申の基本的な考え方、立場に立てば、指定都市を廃止し不完全な自治体である特別区を設置することなど到底許容されないと考えるのは私だけではないと思う。

「都構想」にみる維新政治の本質

それでは、維新の「都構想」は、1で述べたようなこれまでの大都市制度の沿革や議論をふまえ、あるべき大都市制度を検討したうえで提起されたものだろうか。私には決してそのようには思えない。たとえば、よく大阪府と大阪市の水道一元化議論がとん挫したことが「都構想」の出発点ではないかと聞かれるが、府庁内で水道一元化を進めるために大都市制度の改革が必要だと議論されたことはまったくない。また、この間大阪府において進められてきた地方分権改革は、堺市の指定都市移行を応援することを含め、一貫して基礎的自治体である市町村の事務権限を強化することであった（資料‐1）。

資料1　大阪府における基礎自治体の強化

指定都市・中核市 施行時特例市	市町村への権限移譲	市町村合併
指定都市 　大阪市 　堺市（H17） 中核市 　高槻市（H15） 　東大阪（H17） 　豊中市（H24） 　枚方市（H26） 　八尾市（H30） 　寝屋川（H31） 　吹田市（R2） 施行時特例市 　茨木市 　岸和田市	H21.3「大阪府“地方分権改革”の推進に向けて」 「府でなくては担えない事務を除くすべての事務を市町村に移譲することを最終目標に、まずは特例市並みの事務移譲を」 ⇩ 1955条項（H25全国1位） ※H21▶15位 ⇩ 特例市並みの権限移譲の充実 広域連携の推進	法定協議会 ○（堺市・高石市）※ ○堺市・美原町（2005.2合併） ○池田市・豊能町 ○守口市・門真市※ ○富田林市・太子町・河南町・千早赤坂村） ○岸和田市・忠岡町※ ○泉佐野市・泉南市・阪南市・田尻町・岬町※ ○河内長野市・千早赤坂村 ※住民投票実施

それでは、「都構想」とは一体何だったんだろうか。維新が一丁目一番地とする「都構想」にこそ、維新政治の本質が如実に表れていると思う。

第一には「思いつきの政治」ということである。維新旗揚げの前年クリスマス、橋下大阪府知事（当時）、松井氏、浅田均氏（現参議院議員、日本維新の会参議院会長）が開いた「来年に向けた作戦会議」と称する小宴で、「平松市長ははっきりしませんね。もう、どうにもならないですよ」、「府とか市とか、どうでもええねん。どっちもつぶして、ワン大阪にしようや」などとの会話を交えて、新しいローカルパーティの旗揚げが話し合われたと報じられている。[44] 平松氏への不満から市の廃止へという驚くべき飛躍は、まさに思いつきだと言わざるを得ない。コロナ禍においても松

44　読売新聞大阪本社社会部『橋下劇場』中央公論新社、二〇一二年。

井市長の市民へのカッパ提供の呼びかけや吉村知事の突然のイソジン発言など、奇をてらった「思いつき」は繰り返されている。

第二には「都心中心主義」ともいうべき維新の成長論である。住民投票の際のテレビ討論で「都構想のめざす成長」について聞かれた松井氏は、「大阪市の経済力を東京並みにすること。そうすれば周辺市も潤う」という趣旨の発言をされた。都構想が否決されてもなお府市一体化・広域一元化条例によって大阪府が大阪市内の行政に執拗に口出しをしようとする理由が垣間見える。この「都心中心主義」の成長論は都心をさらに〝密〟にするものなので、コロナ禍においては、すでに破たんしており、これからは大阪府域全体で住み、働く成長論が求められているだろう。

第三には、意見の相違を協議・調整で解決することを疑問視し、異なる意見を否定する強権的体質である。「広域行政一元化」はそもそも「二重行政の解消」を掲げてのものであったが、指定都市と都道府県の権限は法律上明確に区分されており、両者の権限行使が衝突することはあり得ない。法律上権限配分が規定されていない、たとえば文化施設・スポーツ施設の建設や地域の発展に関わる自治体の戦略（成長戦略）などは都道府県も市町村も自由に行えるというのが我が国の二層制の地方自治制度であり、これを「二重行政」と言うなら、指定都市に限らずどの市町村にも生じうることである。では彼らは一体何を目指しているのだろうか。

広域行政一元化条例を検討した副首都推進本部会議（二〇二一年一月二二日開催）の資料に

は、次のような考え方が示されている。

○府市がそれぞれ総合計画や成長戦略を策定することやまちづくりを分担することが問題の根源である。

○そのことによって意見の不一致が生じれば「大阪の成長・発展」が遅れる。

○意見の不一致を生じないようにするためには、市の権限を府に一元化すればいい。

この考え方は、第一に我が国が都道府県と市町村の二層制の地方自治制度をとっており、地方分権改革によって都道府県と市町村が対等・協力の関係になったことをまったく理解しない考えである。市町村は指定都市にかかわらず総合計画や当該市の成長戦略を策定し、まちづくりを行う権限を有しており現に行っているのだが、それこそが問題の根源だというわけである。

第二に、市町村が計画を策定しまちづくりを行うにあたっては、法律上または事実上、都道府県との調整を行っているが、維新は「そのような協議・調整では解決できない。だから市町村の権限を府に一本化しなくてはならない」と言っているわけだ。この考えが指定都市以外の市町村の存在をまったく無視していることは論外として、自由民主政治のプロセス——「自由民主政治という至極厄介な場で、政治家や利害関係者と議論を重ね、意見を聴き、説得し、根まわしを行い、駆け引きを演じ複雑な多元連立方程式を解くかのように合意できる妥協点を探り続ける」[45]――ことを引き受ける覚悟と胆力を有していないことを、自ら告白している。今は目障りな大阪市をとにかく弱体化することに躍起になっているが、これが済んで、次に中核市との協議・調整の場面が主たる課題になってくると、次は中核市の権限・財源を奪えばいいということにならざるを得ない。異なる意見を協議・調整することを拒否し、異なる意見をなくせばいいという恐ろしく強権的な維新政治の本質を示しているのが彼らの「都構想」である。

府市一体化・広域一元化条例を批判する

残念ながら府市一体化・広域一元化条例は二〇二一年三月、大阪府・大阪市両議会で可決成立し、五月には事務委託に関する規約も承認された。

条例の基本的な構造は、府市一体化・広域行政一元化を図るため、

①副首都推進本部会議において成長戦略やこれに基づく計画等を協議する。

②成長戦略の策定や都市計画の基本方針、まちづくり・交通基盤等に係る都市計画の策定については大阪市から大阪府に事務委託を行う。

45 中野剛志『官僚の反逆』幻冬舎新書、二〇一二年。

というものである。今後の大阪の真の成長・発展を考えるために、あらためてこの条例の問題点を明らかにしておきたい。

（1）総論的批判

①住民投票で示された民意に反する

住民投票で示された「民意」は、冒頭でも述べたように〝指定都市大阪市〟を存続させるということであり、指定都市の権限・財源を地域の発展・市民生活の向上に積極的に活用することである。市の総合戦略ともいうべき成長戦略やまちづくりの根幹をなす主要な都市計画権限を大阪市から奪おうとする本条例が、住民投票で示された民意に反することは明らかである。

知事や市長は賛否が拮抗したことをもって「二重行政の解消」、「広域行政の一元化」を進めることも民意だと強弁するが、そもそも住民投票において「二重行政の解消」、「広域行政の一元化」は問われていない。大阪市民が判断を求められたのは「大阪市を廃止して特別区を設置する」ことに賛成か反対かということに尽きる。よしんば賛成票を「二重行政の解消」、「広域行政の一元化」を求める意見とみなすとしても、一票でも多い方を「民意」とするのが住民投票であるのだから、住民投票においては「二重行政の解消」も「広域行政の一元化」論もやはり否決されたこととなる。

資料2　地方自治法における都道府県と市町村の権限分配

・一般的権限配分（地方自治法2条）
　都道府県――広域事務・連絡調整事務・補完事務
　市町村――都道府県が処理するものとされているものを除き地域における事務等を一般的に処理する規模・能力に応じて都道府県の事務を処理することができる

・都市制度的特例
　指定都市・中核市・施行時特例市

・個別的特例
　事務処理特例条例（地方自治法252条の17の2）
　都道府県は、都道府県知事の権限に属する事務の一部を、条例の定めることにより、市町村が処理することとすることができる

※地方自治法の事務配分の考え方は市町村の事務権限を強化することにある

②地方分権改革やそれに立脚した地方自治法の基本的な理念に反する

地方分権改革において、都道府県と市町村は対等・協力の関係とされ、その事務権限の配分についてはできるだけ市町村の事務権限を強化しようというのが地方分権改革・地方自治法の基本理念であり（資料‐2）、大阪市の権限を奪おうとする本条例がこれに反するのは明らかである。事務委託しようとしている都市計画権限が、まさにこの間の分権改革によって都道府県から指定都市に移譲された事務であることはそのことをいっそう浮き彫りにしている。

（2）各論的批判

①「副首都」とは一体何を指すのか定義されていない

本条例には「副首都・大阪を確立し」という目的規定がおかれているが、副首都とは何を指すのか定義されていない。また、定義規定を必要としないほどの市民的合意があ

るとも思われない。こんな目的があいまいな条例はそもそも条例の体をなさない。

②副首都推進本部会議は府市対等の会議ではない

維新が過半数を持たない大阪市議会において府市一体化・広域一元化条例を進めるにあたって、維新にとって公明党の同意を得ることは必須条件であった。そのため公明党の意見をふまえ、条例に「対等の立場」でという文言が追加され、このことをもって公明党は「本条例」に賛成した。

しかし、副首都推進本部会議で協議される成長戦略やこれに基づく都市計画等の根幹部分は大阪市から大阪府に事務委託されることが前提となっている。事務委託というのは委託した側がその権限を失うものであり、権限を有するものと権限を有しないものの協議が対等であるはずがない。条例には「合意に努める」とあるが、究極的には協議が整わない場合は権限を有する大阪府が決定することにならざるを得ない。そもそも府市の協議・調整では「大阪の成長・発展」を迅速にすすめることができないと言っていたのは一体誰なんだろうか。

③条例の事務委託は制度の趣旨に反する濫用

事務委託制度は事務の共同処理の一手法として地方自治法に規定された制度である。委託した地方公共団体は委託した範囲においてその権限を失うにもかかわらず、その事務処理に要する費用は負担しなければならないという、委託した側にとって極めて不利な制度である。したがってこの制度を活用するのは、自ら執行すべきであるが、その事務処理体制が整っていない、あるいは自ら整備するより他の地方公共団体にお願いしたほうが効率的・効果的と考えられる場合である。市町村から都道府県への事務委託のうち圧倒的多数を占めるのが「公平委員会の事務」であることがそのことを如実に示している（資料-3）。したがって、これまで何の問題もなく自ら事務処理を執行してきた大阪市には事務委託を行う理由がまったくない。さらに、「二重行政の解消」、「広域行政一元化」など事務委託制度が想定していない理由のために事務委託制度を使うのは制度の濫用と言わざるを得ない。

本条例の事務委託についてこうした問題点を指摘した自民党大阪市議団に対し、総務省の担当課は「当該団体の判断」だと回答したと聞いたが、指定都市制度を所管し、地方分権改革を推進してきた所管庁としての気概はどこへ行ってしまったのだろう。これまでも地方自治体からすれば〝大きなお世話〟と言えるような「技術的助言」を行ってきた総務省は、こんな時こそ自らの考えを明確に示すべきではないだろうか。これでは、何か忖度が働いたのかと疑わざるを得ない。

おわりに

私は、大阪府において市町村の権限や体制の強化をお手伝いする仕事に長らく関わってきた。

資料３　地方自治法における都道府県と市町村の権限分配

	委託事務の内容	件数	実施都道府県
数都道府県にわたるもの	競艇に関する事務	29	滋賀県（18市1町10組合）
	小計	31	
	公平委員会に関する事務	1,143	北海道、青森県、岩手県、宮城県、秋田県、山形県、福島県、栃木県、神奈川県、福井県、岐阜県、静岡県、愛知県、滋賀県、奈良県、和歌山県、鳥取県、島根県、岡山県、広島県、徳島県、香川県、愛媛県、高知県、福岡県、佐賀県、長崎県、熊本県、大分県、鹿児島県、沖縄県（31道県）
	行政不服審査法上の附属機関に関する事務	247	宮城県、秋田県、神奈川県、和歌山県、広島県、佐賀県（6県）
都道府県内のもの	公務災害に関する事務	177	富山県、愛知県、三重県、長崎県（4県）
	下水道に関する事務	107	秋田県、福島県、茨城県、栃木県、埼玉県、千葉県、東京都、神奈川県、新潟県、富山県、愛知県、滋賀県、大阪府、兵庫県、広島県（15都府県）
	職員研修に関する事務	77	福井県、鳥取県、島根県（3県）
	消防、救急に関する事務	59	千葉県、東京都（2都県）
	小計	1,909	
	合計	1,940	

※総務省 地方公共団体の事務の共同処理の状況調（2018年7月1日時点）より作成。

市町村の力が強くなればそれぞれの声も大きくなるのは当然だが、これまでの大阪府はそんな市町村と正面から向き合い格闘し、大阪のために何が一番いい答えなのか見出そうとしてきたと思う。いつから、「意見がちがったら困る。そのためには市町村の権限を奪えばいい」というような情けない自治体になってしまったのかと、寂しい思いをしている。

コロナ禍において、市町村と大阪府がそれぞれの役割を積極的に担い緊密に協力していくこと、他府県と積極的に連携していくことの重要性がいっそう明らかになった。広域自治体として大阪府がなすべきことは、市町村ができることに口出しすることではない。

大阪府が真の広域自治体としての役割を果たしていかれることを切に願いたい。

特別対談　小西禎一×元大阪市幹部

元大阪市幹部が見た、「橋下劇場」の顛末

二〇二二年一二月実施。
聞き手＝福田耕[46]

橋下徹氏は府知事就任後の二〇一〇年、地域政党大阪維新の会を結党。翌年一一月、大阪都構想などの政策実現を目的として任期半ばに大阪市長への立候補を表明。大阪府知事・大阪市長のダブル選挙の結果、橋下氏が市長に、前府議の松井一郎氏が知事に、それぞれ圧倒的な得票数で当選した。橋下市政下において側近として彼を支えた元大阪市幹部Aさんが、匿名を条件に対談に応じてくださった。

▼「ふわっとした民意」を掴む

――本書の第一部では、小西さんが激動の「橋下府政」を中心に振り返っておられます。二〇一一年のダブル選を経て「橋下市政」が誕生した際、Aさんはどのように受け止められましたか。

46（ふくだ・こう）⬇奥付を参照。

対談当日の様子（小西）。

元市幹部A　インパクトは強かったですね。戦略本部会議に記者を入れるなど、仕事のうえでは「見せ方」が変わったという印象です。彼が市長になってから毎日マスコミに囲まれて仕事をするようになって、メディアにも慣れました（笑）。

小西　公開討論は橋下府政初期からの特徴でした。これは府政での話ですが、改革PTと部局長の議論をすべて公開するとなったとき、場合によってはPTに抵抗する必要のある各部長は困ったと思います。抵抗しすぎるとPT案に着地できなくなるので、どこまで言ったらいいのか、と。公開じゃなければ非公式にネゴシエーションしていけるので。

ただ、僕はあえてその場を使って議論するようなことをやっていたし、橋下さんも府知事時代にはそれを受け入れる余地があって、良い効果もありました。Aさんは以前、橋下市政下ではそうしたオープンな議論の場ではなくなったとおっしゃっていましたね。

元市幹部A　そうですね、記者を入れる会議の前にすべての根回しが終わっているというのが基本でした。文字通り、記者に見せるためだけの場になってしまっていたと思います。

小西　変わったのは維新という政党をつくってからだと思います。維新という組織を大きくしなきゃいけないという優先課題ができてから、職員と自由に議論するやり方がなくなっていった。

――橋下さんはメディアでの強烈な発信力がありました。そのあたりはどうご覧になっていましたか。

元市幹部A　橋下さんはメディアや組合の前では怒ってみせる場面もありましたが、そういうものは八割が単なるポーズだったと思います。もちろん本気で怒ることもあったとは思いますが、基本的には自室に帰ってきたらニコニコされていました。本人もそうすることでご自分を規制しているようなところがありました。少なくとも他人に求める限りは自分にも同じ枠を適用させる、という節があった。

小西　たしかにパフォーマンス的なところはあったと思います。彼は「ふわっとした民意」という言葉を好んで使いましたが、ある時「小西さん、〝ふわっとした民意〟について教えます」と。曰く、テレビ出演の際に面白いことを言うと、カメラが自分のほうを向いてズームする。

あれが「ふわっとした民意」を掴む瞬間なのだと仰いました。とにかく、常に自分に関心が向くようにするんですよね。

橋下さんが知事になる前、どんな方が来るのかと『最後に思わずYESと言わせる最強の交渉術』（日本文芸社、二〇〇三年）という彼の著書を読んで、メモを作って幹部職員にも配りましたが、そこにも高いボールを投げて落としどころを探るのが自分の交渉術だと書いてありました。

元市幹部A　そうですね、相手がどう反応するかは常に探っておられた。たとえば、橋下市長になって以来、やたらとメールで指示がくるようになりました。夜中の二時、三時の着信も当たり前で、職場のパソコンから自宅に転送してでも確認して「即返事」という原則もあった。そこに書かれている議題を戦略会議にかけるのか、単に橋下さんと交渉すればいいのか、まずは私が選択しないと部下も仕事を進めることができない。そうこうしているうちに大体の方針が固まってくるというのが仕事の流れでした。

小西　メールは橋下府政時代にもありました。橋下さんは、自分は二四時間仕事をしているのだとよく仰っていたので、それを職員に示すツールでもあったのかなと思います。

元市幹部A　こちらとしてはとにかく見落とさないように、部下に自動転送されるようにしていました。そして部下はさらに頼りになる部下に転送する……という構図（笑）。もちろん個人的にくるメールもありましたが、ほとんどが人事案件、あるいは帰り際に喧嘩したらその叱責でした（笑）。

――議会の場での変化はいかがでしたか？

元市幹部Ａ　橋下さんになってから、いわゆる答弁調整会議が短くなったとは言われていました。市長が喋るという時には、事前に打ち合わせたうえで原稿を用意するのが私たちの仕事ですが、橋下さんは最初の所信表明の時から原稿にないことを延々と話す方だった（笑）。

対談当日の様子（小西）。

小西　彼は極端に言えばＮＧワードだけ教えておいてくれという方ですから。本来は一言一句こちらで用意して読めばいいようにしておくものなんですが……。議会答弁でもまったく原稿を読まないので、だんだん職員のほうもやる気をなくしていったくらいで（笑）。

元市幹部Ａ　大阪市議会では、そもそも質問と答弁の時間配分が明確に決められているものでした。そのなかで議席数に応じてさらなる時間配分がある。たとえば自民党への答弁より公明党への答弁が長くなったら大ごとなわけです（笑）。こちらとしても決められた時間内で答弁ができるように、字数まで整理して原稿をつくっておく。だから勝手に喋るというのは大変なことだった。

小西　府は一般質問だけ答弁も含めての時間制限がありましたが、代表質問については質問時間には制限があるものの、答弁の時間制限はありませんでした。

元市幹部A　今は市もそうなりました。質問と答弁あわせての時間制限をかけると、橋下さんが喋りすぎて他の質問の時間がなくなってしまうから（笑）。だけど字数までガチガチに決めて時間を少しオーバーしたくらいで文句を言うのはおかしなことなので、これでいいと思っています。

小西　議会の場での変化といえば、橋下府知事の時に初めて再議権が行使されました。最初こそ理屈があったと思いますが、その後松井知事になってからは乱発に近い形でした。橋下市長の時代はどうでしたか？　松井さんが使ったのは法定協議会に関わる案件が多かったですが。

元市幹部A　あんまり使ってないです。公明が維新の側につくようになってからは再議する必要がなくなったので。具体にはあまり記憶にないですね。

▼本気の「組合潰し」／自治体と地域のダイナミズム

小西　大阪府における橋下劇場は「財政再建」から始まりました。大阪府知事選直前[47]の一二

47　投開票は二〇〇八年一月二七日。

月、『朝日新聞』に「赤字隠し」の記事が出て、橋下さんも対抗馬の候補者も財政再建を掲げて闘った。一方で大阪市における橋下劇場というと、財政再建というよりは職員組合との対決が幕開けなのでしょうか。

元市幹部A　そうですね、大阪市における財政緊急事態宣言は、二〇〇二年に磯村隆文[48]さんがすでに出されていたので。二〇〇一年にオリンピック誘致に失敗した後、第三セクターの業績悪化もあって、磯村さんが任期終盤に「財政非常事態宣言」を出された。

職員厚遇問題[49]が明るみになったのは、磯村さんの後に關淳一さんが市長になってからです。特別顧問[50]、いわゆる外部委員として上山信一さんなんかが登用され始めたのも同時期でした。ですから、大阪市における橋下劇場は、おっしゃる通り組合つぶしから始まったというのが僕の印象です。その象徴が職員基本条例[51]でした。

48　一九九五年～二〇〇三年、大阪市長。西尾市長の後継として、共産党以外のいわゆる「オール与党」の推薦で大阪市長選に立候補して初当選。観光やスポーツ振興による都市活性化をめざす「国際集客都市」を公約し、西尾市長時代に浮上した大阪オリンピック構想をその目玉とした。

49　本書一五六頁、注54を参照。

50　二〇〇九年、平松氏が寺島実郎氏を招聘したのが先駆け。橋下氏が市長就任後、二〇人近い著名人を抜擢したことで本格的に始動し、メディアにも頻繁に露出するようになった。任期は一年、再任は制限されない。

51　二〇一二年四月施行。職員の人事査定に相対評価を導入し、処分手続きなどを明確化した条例。行政職員の人事評価を五段階の相対評価とし、幹部職員は内外から公募することを定めたほか、教員を含めた処分の規定では、指導研修を挟んで同じ職務命令に三回違反した場合の標準的な処分を免職とした。本書九二頁～も参照。

小西　職員基本条例には幹部職員を内外から公募するというものがありました。

元市幹部A　府のほうは募集規定にうまく「原則」と入れるようなことをしていましたが、市のほうは橋下さんのチェックが厳しくて触《さわ》れませんでした。議会からの要望があって市会事務局長だけは市の職員からのみの公募でしたが、彼はとにかく外からの人を採りたがった。松井さんに代わってから原則公募、ということになったようですが。

小西　府市統合本部で、橋下さんは府に対しても「原則」を外せと言ったんですが、松井さんが「それはあかん」と抵抗された。

元市幹部A　橋下さんとしては市職員を含め内外で競争して優秀な人が勝てばいいということだったんだと思います。その勝敗を決めるのは橋下さんですが（笑）。

小西　公募部長の面接に民間企業の人にも入っていただきましたが、「民間企業なら外から人をもってくるようなことは絶対しない」とおっしゃっていました（笑）。そもそも民間に行けば何千万と稼げるような優秀な方が、たかだか一千万ちょっと[52]でなかなか来るものではありません。

同じく職員基本条例によって職員の人事査定に相対評価が導入されましたが、市のほうはうまくいきましたか？

52　大阪府の「職員のモデル年収額」（令和四年四月一日現在）によれば部長級の年収は、一二七〇万円程度となっている。

元市幹部Ａ　区分が厳しい[53]ので、どうしても気の毒な人がでてきますよね。優秀な職員ばかりを集めたような課もあるわけで、そこでも必ずE評価を、というのは難しい。だから、局全体で何パーセントというつけ方をしていましたが、やはりちゃんと働いているのにE評価、という人が出てしまう。

橋下さんは形作りが好きなんですよね。当時も職員基本条例と教育基本条例を二つの柱として、とにかく大きな枠を作りたかったんだと思います。

小西　橋下さんと交代で知事になった松井さんに私が最初に言われたのも、職員基本条例を作るよということでした。大阪市における組合との対決もそうした枠組みありきだったのか、あるいは職員厚遇問題を前提としたものだったんでしょうか。

元市幹部Ａ　たしかに、職員厚遇問題[54]に対する市政改革を進めた關さんの後、民主系の推薦

53　従来の人事評価では五段階で最低の「E評価」を受けるのは一万人に一人という割合であったが、これを「S」五％、「A」二〇％、「B」六〇％、「C」一〇％、「D」五％、「E」五％と比率を定め、必ず最高評価と最低評価の職員を一定比率出すようにした。E評価が二回続く場合、勤務実績のチェックや指導研修の対象となり、免職の手続きをとることもある。

54　問題が明るみになったのは二〇〇四年頃。一九六〇年頃からの大阪市職員によるカラ残業などの問題や大阪市労働組合連合会への厚遇（当時、職員の給与水準は政令指定都市の中で神奈川県川崎市に次いで二番目に高く、福利厚生費は政令指定都市の中で最高）が問題視された。当時日本共産党が、市労連が推薦母体・団体、支持団体の中核となって市長選を仕切ってきたことから、歴代の大阪市長はすべて助役（副市長）あがりで組合の言いなり状態であったと指摘している。大阪市は關淳一市長時代の二〇〇五年に市政改革本部を設置、市政運営の改革を始めた。

を受けて平松邦夫[55]さんが当選したわけですが、職員厚遇問題への実質的な対応は基本的にはすでに終わっていたと思います。

――では、橋下さんは關さんがやり切れなかったことを引き継がれた、という面は？

元市幹部A　そういうことはまったくないと思います。橋下さんは本気で組合を潰しにいきましたが、關さんはあくまでやりすぎを是正して正常化したいというだけでした。關さん自身も磯村さんのもとで助役を務めていらっしゃった役所出身の方ですから。

だけど、組合との折り合いは平松さんの時も悪かった。平松さんはどちらかといえば右寄りで、国旗に向かって敬礼する方ですから（笑）。組合のほうとしては選挙時から応援していたわけですから、「足並みを揃えてくれ」という感じでした。

――平松さんは大阪市で初となる民間出身の市長でした。それまでの庁内出身者が市長だった時代と比べて変化はありましたか？

元市幹部A　平松さんはいわゆる報復人事もしなかったし、職員叩きもなかったので割と平和な時代でした。むしろ、關さんの時のほうが職員厚遇問題への対応のために急にハンドルを

55　二〇〇七年、大阪市長選挙において現職の關氏を破り、当選。戦後初の、行政経験がなく公務員でもない民間出身の大阪市長となった。

切ったので職員の抵抗は強く、変化は大きかったです。關さんの場合、出直し選挙[56]の影響もありました。組合や地域の応援なしの手ぶらでやるからと、職員のOB会なんかも含めて一期目の当選を支えた支持団体との縁を全部切ったので、次の選挙の時にはそういうグループも含めて平松さんを応援することになりました。關さんは出直し選挙では自公に支えられて再選したけど、残り二年の任期のなかで離れていった民主系を呼び戻す体制づくりができなかった。そこで、ずっと続いてきた助役→市長の流れが切れたと思います。

――平松さん当選以前の大阪市長選は、労働組合と市地域振興会（地振）[57]と議会と役所が一体となった「中の島選対」が市職員や助役のなかから候補者を推すのが伝統的な構図と言われてきました。この点も職員厚遇問題に際して取り沙汰されましたが、中からご覧になっていかがでしょうか。

元市幹部A　雰囲気としてはその通りですが、実際に動いていたのはほとんど労働組合だと思います。選挙にはとにかく人手がいる。政党選挙なら支持者がやってくれるような、具体的な

56　二〇〇五年、市政改革への信を問うために任期途中で突如辞任し、出直し選挙戦に自民党・公明党の推薦を得て出馬。民主系の候補者らを破り再選された。
57　大阪市の二四区に設けられた自治会組織。終戦翌年の昭和南海地震を教訓に結成された赤十字奉仕団を源流とし、行政広報を回覧したり防災訓練に協力したりと市とのつながりが強い。

手足の部分を労働組合が担っていました。やりたい人だけが動員されるので、庁内で不満の声があがることもなく。

地振のほうは、地元で演説会があれば行って拍手をしてくれるというだけの存在です。地振は地元的には自民党の流れにある組織[58]なので、市長の応援だけするわけにはいかない。橋下さんは地振に対しては補助金見直しをやったり政治活動を制限したりされましたが[59]、本当に地域活動がなくなったら回覧板一つ回らなくなって、困るのは市のほうです。橋下さんとしては政治活動をやめて市のことだけをやってくれということだと思いますが、地元で人望と影響力のある人が地振の会長と地元議員の後援会長や市長選での応援団を兼ねているわけなので、そうはいかない。

小西　別に地振として政治活動をやっていたわけではないんですよね。

58　政治的には中立を掲げるが、地元の名士が地振幹部を務め、自民党市議の後援会幹部を兼ねているケースも少なくない。

59　橋下氏は市長就任後、地振以外にＮＰＯや企業が加われる区長公認のネットワーク「地域活動協議会」を整備し、そこに市の助成を一本化。領収書が必要な補助金制度に変えて補助率を下げ、助成の条件に政治活動の禁止も明記した。地振は協議会の構成団体の一つになり、市役所内にあった地振の事務局は外に出されることになった。

——橋下さんによる職員アンケート調査[60]、入れ墨調査[61]、各組合に対する組合事務所などの「便宜供与」の廃止[62]などはどうご覧になりましたか。

元市幹部Ａ　組合事務所の撤退は、たしかにいきすぎたところもあったので仕方のない面もあったと感じていました。組合事務所が市役所にあった当初、賃料もタダだったんです。それがタダではよくないと二分の一の支払いになって、さらに橋下さんが「二分の一でもけしからん」と。だけど、地代相当でいくとものすごく高いんですよね。

——アンケート調査は、大阪市特別顧問だった野村修也さんによる廃棄作業が話題[63]になりました。

60　二〇一二年二月、橋下徹市長名での「正確に回答しない場合は処分対象になり得る」と業務命令で実施された。「組合活動に参加したことがあるか」、「組合にどんな力があると思うか」、「特定の政治家を応援する活動に参加したか」、「誰に誘われたか」といった質問項目があった。

61　二〇一二年五月、「職員の入れ墨に関する苦情が多い」ことを理由に、教職員を除くすべての市職員に入れ墨の有無を問う調査を行った。

62　橋下氏が庁舎内の事務所の貸与を取り消すと労組に通知後、労組は団交を要請したが、市は拒否してきた。これを不当労働行為と認めた大阪府労働委員会の決定を不服とし、大阪市が府労委に取り消しを求めた訴訟で、大阪地裁は「労組を軽視し、弱体化させる行為で支配介入に当たる」として請求を棄却した。橋下氏は不服として行政訴訟に訴える意向を示していたが、議会の否決により断念。大阪市労連に対し再発防止の誓約書を手交し、謝罪した。

63　二〇一四年四月、当時大阪市特別顧問だった野村修也弁護士は、市役所地下の駐車場で回収したアンケートを未開封のまま廃棄処分した。廃棄作業は公開され、野村氏が直接、大量の書類や封筒をシュレッダーにかけるなどした。

元市幹部A　人事担当局からアンケート調査をやるということは聞いていましたが、好きにしてという感じでした。すごい数の訴訟を起こされましたが、全部負けましたね。[64] とはいえ、橋下さんは基本的にすごく訴訟リスクを気にされる方でした。各局の事業や判断に際してもリーガルサポーターとしてプールしてる弁護士を順番に起用してチェックされていた。

小西　顧問弁護士とは別に？

元市幹部A　別ですね。最近は弁護士が食べていけないという問題もあるので、そこへお金を落とす意味もあったと思います。

▼「都構想」の失敗、読み切れなかった住民の声

――「都構想」[65]について伺います。橋下さんは「都構想」実現を掲げて二〇一一年のダブル選に出馬され、二〇一四年には「都構想」推進の是非を市民に問うとして出直し選挙も行いました。最初の住民投票（二〇一五年）では否決、二〇二〇年に再度住民投票を行いましたが、これも否決との結果でした。最初に「都構想」について聞いた時はどのように受け止められましたか？

64　二〇一二年三月、大阪高裁がアンケート調査は憲法違反であること、実施したのは大阪市と橋下前市長であることを認定し、組合員の原告五九名に対する損害賠償を行う旨の判決を下した。二〇一六年に大阪市が上告を断念、判決が確定。

65　当初は大阪市・堺市の政令指定都市を解消させ大阪府と一体化させて大阪府全域を「大阪都」とする計画が「都構想」と呼ばれ、二〇一一五年までの実現を目指すものとされた。

元市幹部Ａ　最初に感じたのは、ミッション・インポッシブル（笑）。ただ、私たちが住民投票で決まる結果を左右できないので、可決された場合にいかに市民の皆さんに迷惑をかけないように実行できるかということが使命でした。当時の市長人気からいっても、一回目の住民投票の時には覚悟を決めて、市の権限を府に移行するための組織づくりの絵はだいぶ描いていました。

小西　職員の区分けもやっていたんですか？

元市幹部Ａ　準備組織の上のほうだけ決めていました。日曜日が住民投票でしたが、月曜日には記者が押し寄せてくるわけですから（笑）。何より、橋下さんがそこで喋るためにある程度の構想は用意しておく必要があった。

小西　事前に橋下さんとも打ち合わせをしていたんですか？　府はそんなことしなかったなあ。

元市幹部Ａ　そりゃ府は残るわけですから（笑）。市のほうは打ち合わせていました。

――橋下さんは「都構想」をめざす理由として、府と市の「二重行政の解消」を挙げていました。お二人からご覧になって二重行政だった部分はありましたか？

元市幹部Ａ　実際にはほとんどないと思います。二重行政の解消は、廃止を先に打ち出してしまって、現実的な状況判断ができていなかった場合もあったと思います。たとえば住吉市民病院の廃止問題[66]。たしかに病院自体は赤字続きで、建て替えてもそれは変わらないというのはわかっていた。だけど東西の交通網がない大阪南部の交通事情を考えると、安易に隣の区の病院と統合してしまっては妊婦やお年寄りが行ける病院がなくなってしまうんですね。何より、大阪南部地域は難しい出産例が多いんです。住吉病院はその受け皿にもなっていた。

あの病院は大阪市民病院機構が運営していたわけですが、赤字だからと交付金を減らされるシステムでは、病院機構のほうも住吉病院を切りたいということになってしまう。そうした思惑と、橋下さんが連れてきた特別顧問たちのお墨付きが一致してしまった。だけど、いざなくすとなると、ちょっとびっくりするくらいの反対運動が起きたんですね。そこを読み切れていなかった。橋下さんも途中で失敗に気づいたはずですが、引くに引けなかったのだと思います。

小西　住吉病院の件は、橋下さんのトップダウンで降りてきた案件だったんでしょうか。あるいは、そもそも庁内で議論があったのですか。

元市幹部A　トップダウンですよ。廃止ありきで進んでいきました。廃止が決まると病院機構も前に出てこなくなってしまって、議会なんかでは福祉局や健康局が答弁するようになったけ

66　「二重行政」解消の一環として同病院を隣接する住吉区にある大阪急性期・総合医療センターに統合し、廃止することが、二〇一二年の府市両議会で可決された。当時の議会では統合にかかる費用（三〇億）が現地建て替え案の費用（五七億）を下回るとされたが、実際には統合にかかる整備費用は八〇億以上と建て替え案より高額になることが二〇一七年に明らかとなった。その後、市は同地への民間病院公募に三度失敗し、現在は新病院を整備し、大阪公立大学附属病院が運営することとしている。

ど、「突然ボールがまわってきた」という感じで気の毒でした。急に「地元説明しろ」と言われて。

――学童保育事業への補助金の廃止[67]や幼稚園の民営化[68]にあたっても、住民や利用者からの大きな抵抗運動がありました。

元市幹部Ａ 幼稚園の民営化は、結局あまり進んでないと思います。大阪は伝統的な幼稚園が多くて、それぞれに人気もある。愛珠幼稚園[69]に入れたいからと中央区のタワマンに引越してくる人に、潰すとは言えないですよね。ただ、天王寺区のほうなんかはそもそも幼稚園の数が多いのに、この少子化の時代に土地を借りてまで市営でやってるところもある。そういうところは減らしませんか、ということだったんですが、利用者は許してくれなかった（笑）。小学校併設の幼稚園なんかも、減らせば学校の運動場が広がって使い勝手がよくなるはずなんですが、やはり抵抗があった。

67　二〇一二年四月、学童保育事業（留守家庭児童対策事業）への補助金を二〇一三年度から廃止することを盛り込んだ「市政改革プラン」が発表された（その後撤回）。

68　二〇一二年七月、「民間で成立しているものは民間で」と「市政改革プラン」に市立幼稚園の廃止・民営化を盛り込んだ。二〇一三年一月、全五九園を二〇年度までに三期にわけて順次廃止または民営化する計画案を公表。

69　大阪府内ではもっとも古く、また日本でも二番目に古い歴史をもつ幼稚園。園舎は日本で初めて国の重要文化財に指定された。

小西　橋下さんが手をつけて未だ実現していないことの一つだと思いますが、そうした方針を松井さんが継承しているということはないんですか？

元市幹部Ａ　継承していると思うんですが、実績にはなっていないですね。現場の維新の議員のほうが住民との板挟みになって立ち行かなくなってしまう。

小西　そこが府政と違うところだと思います。府は華々しい改革を断行できるわけだけど、それは結局、間に市町村が入ってくれるからこそです。改革ＰＴをモデルとしてＮＨＫがドラマを作ったけど[70]、舞台は市に置き替えられた。府は直接府民とやり取りすることがないから面白くないんですよ。

――市や基礎自治体のほうが住民の声がダイレクトに届くんですね。生野区では学校統廃合がなかなか進まず条例をつくる[71]ということもありましたが、これも背景には住民の抵抗運動がありました。

70　本書五一頁～のコラムを参照。
71　大阪市生野区では二〇一四年、橋下氏による「市立小学校を三分の二に減らす」構想を背景に、一二小学校・五中学校を四小学校・四中学校（一部は義務教育学校へ移行）に再編し、対応する小学校と中学校では小中連携教育を行う計画が出された。大阪市会は二〇二〇年、学校統廃合を市主導で行えるよう「大阪市立学校活性化条例」を改正。二〇二一年には小中一貫校の小学校一校と義務教育学校一校をそれぞれ新設し、関連小中学校計七校を廃止する「大阪市立学校設置条例の一部を改正する条例案」を可決・成立させた。

元市幹部A　たしかに、一定は統廃合しないといけないんですよ。いじめなどの問題があった場合に、六年間クラス替えなしというわけにいかない。だけど、通学路の安全性とか距離の問題を考えると、単純に枠をはめてできることではない。たとえば西成の一番大変な地域で小学校三校を統廃合するといっても、小学校一年生の子が一人で長距離を歩き回れるような場所ではないわけです。結局バスを出すような形で強引に地区割をやりましたが、教育委員会もそこは非常に困っていると思います。

――「二重行政の解消」の象徴としてよく挙がったのが、大阪府のりんくうゲートタワービル[72]と大阪市の旧WTC（ワールドトレードセンター）ビルです。府市がいがみ合ったから失敗した、と。お二人から見て、実際の府市の関係はどうだったんでしょうか。

元市幹部A　たしかにりんくうゲートビルとＷＴＣビルが高さを競い合った[73]というのは事実みたいですが（笑）、常日頃から府市がいがみあっていたという印象はないです。

小西　府市の職員同士、同じような職務のところは当然よく話をするようになるわけで、通常

72　元は大阪府の第三セクター法人のビルで、高さは二五六・一メートル（一九九六年完成）。運営会社の第三セクター法人が破綻後、二〇〇五年に別会社が管理運営、二〇一二年一二月、現在の不動産関連会社が約三〇億円で買収。

73　高さ二五六・〇メートル（一九九五年完成）。当初二五二メートルで計画されたが、後から計画されたりんくうゲートタワーに高さで負けるため四メートル積み増した経緯がある。

の付き合いはありました。もちろん対立することはあったけど、府の側から見れば大阪市に限ったことではなくて、他の衛星都市とも同じことです。

僕自身は内部管理が長くて大阪市の職員と会う機会はあまりなかったんですが、地方分権改革PTの時、大阪市にも出していた補助金を府が引き上げて交付金化する。しかし、大阪市は補助対象からはずすという案を示した時、市の担当職員に随分怒られたことがありました。その後酒を酌み交わしながらいろんな話をした際、彼から「大阪府は広域自治体だから、我々とは違う物の見方をするのだということがよくわかりました」と言われました。意見対立があっても、そういう相互理解があって最適解が導き出されるなら、僕はそれでいいと思っています。

対談当日の様子（元市幹部Ａさん）。

元市幹部Ａ　ただ、たとえば万博のように府と市の職員が一定期間だけ共同で行政にあたるという場合にはわかりやすくていいんですが、広域行政一元化条例によってできた大阪都市計画局[74]みたいなのは、現場の職員にとっては二度手間、

74　二〇二一年一一月に発足した大阪府と大阪市の共同部局。「広域行政一元化条例」推進のための中心組織。

三度手間で大変のようです。府に行って知事と担当副知事に説明して、市に行って市長と担当副市長に説明して、さらには両方の議会にも出席して……と、効率化するように見えてまったくそんなことがない。これは間違いないです。あと、そうした新興プロジェクトには府市それぞれから優秀な職員が集められるわけですから、そのぶんホームは手薄になります。

小西　最初の住民投票が否決された後に府市大都市局が廃止されましたが、担当だった職員をどこに戻すかという際、課題のある部署へあてはめていったんですよ。そしたら、優秀な職員たちが入ったことで見事に課題が解決していったということがありました。

――今回のコロナ対応でも府がイニシアチブをとって、市も衛星都市と同じように府の指示に従うということになっています。

元市幹部Ａ　それが非常にまずかった。指示待ちで仕事をすると、常にワンテンポ遅れますよね。そのための人員もちゃんと抱えているので、昔なら自然と担当がイニシアチブをとって適切な対処ができたはずです。大阪市の死者数がダントツで多いのはそれが一因だと思います。

小西　コロナの時は独自施策もやっていないですよね、そのための自治体のはずなんですが。

▼暗黙の「一区一館」はなぜ続くのか？

小西　府市の関係性ということで、僕が「都構想」が出てきた一つの背景じゃないかと思っているのは、大阪府会議員と大阪市会議員の関係性です。大阪市内のことについてほとんどの権限は市にあるので、大阪市内の府会議員からすれば出番がないということになる。

元市幹部A　府と市の議員では仲の良い、悪いはありますよね。たとえばテープカットをするような式典でも、仲が悪いと市会議員から「府会議員は入れるな」と言われたり。そんなわけにいかないでしょ、みたいな（笑）。

小西　そういえば、府の職員で市内在住の方がお葬式をやるという時に、市会議員の方が地元のトップとして代表焼香をされていました。知事や府会議員ではなく市会議員。衛星都市では知事、府会議員、市会議員の順でした。もちろんだからどっちが偉いというわけではないんですけどね。

元市幹部A　ややこしいのは、大阪市には「一区一館」という暗黙の方針があること。たとえば一つの区に温水プールをつくったら、他の区も全部温水プールをつくることになる。たとえば人口五万人の浪速区と二〇万人の平野区で「一区一館」というのはバランスも悪いし無駄も多いし、適正規模はどのくらいかという議論はなされるんですが、じゃあどこを潰すのだとなると「うちだけは潰さないでくれ」ということになる（笑）。ビルドはできてもスクラップは難しいわけです。

小西　「一区一館」はあくまで事実上の方針？

元市幹部A　事実上でしょうね。区役所の建て替えひとつにも順番があって、古い順にやっていくんですよ。だけど耐震性が弱いとか老朽化が激しいとかで狂うこともありますよね。そういう時にすごく揉めて、議会で非常に責められることになる。

小西　市が違っても隣の市が綺麗な文化ホール造ったら「うちのとこにも」となりますからね。これが同じ自治体のなかでということになると、たしかに「なぜできないんだ」ということになりますよね。

元市幹部A　一緒に使えばいいじゃないかと思いますけどね。だけど議員としては自分の任期中に建て替えをやったとかプールができたというのが実績になりますから。

市の改革自体は別に橋下さんが始めたことではなく、關さんの時代から続いていることですが、關さんも橋下さんも、「一区一館」はやめないのかといった基本的なところには突っ込めなかった。橋下さんの場合は維新の議員が反対するからですが。

たとえば中央区と北区は合区してできてるから[75]未だに老人福祉センターが二つあるんですが、維新の議員も橋下さんが推した公募区長も潰せない。潰してこいと言われても、「そんなんようできません」と。みんな建前と本音は違うんですよね。

小西　そうすると、総合区[76]をやろうというのも現実的には相当大変？

75　中央区は東区と南区の合区により一九八九年に発足。北区は北区と大淀区の合区によって一九八九年に発足。

76　市を存続したまま現行の二四行政区を八区に再編し、より権限の強い総合区にするという案。「都構想」の対案として公明党が一時導入を主張し、松井市長も議会への提出を示唆したが、現在は取り下げている。

元市幹部A　そう思います。中央区の合区準備室にいた人が、「合区だけはやめとけ」と言ってました。毎晩住民に責められて、十銭ハゲがいくつかできた、と（笑）。東区と南区には中央区への合区に反対する人も多かったので。

小西　プライドがありますからね。

元市幹部A　いまだに中央区には大阪府警が東と南に二つあったりしますし、区商連（商店会連合会）も最近やっと一つになったところです。そのくらい抵抗があります。

――松井さんや浅田均[77]さんは大阪府議会の自民党出身ですが、そのことと都構想による大阪市廃止というのも関連があるのでしょうか。

元市幹部A　彼等の場合、そういう意識はないと思いますよ。自民党の議員に聞くと、松井さんは自民党時代一緒にやっていたから今でも敬意を払ってくれると言っていました。橋下さんのように自民党議員の悪口を言いまくるわけじゃない（笑）。自民党のほうも、橋下さんや吉村さんへは厳しく対応しましたが、松井さんとは仲が良かったと思います。

小西　一緒にやってきたということと、パーソナリティもありますよね。橋下さんが、「松井さんは僕より政治的だよ」と言っていました。松井さんには清濁併せ呑むようなところがある

77　日本維新の会所属の参議院議員、日本維新の会参議院会長。大阪府議会議長、大阪維新の会政調会長、日本維新の会政務調査会長、日本維新の会政務調査会長などを歴任。

けど、橋下さんは原理主義者ですから。

――同じ政党でも個性があるんですね。ダブル選挙の際には首長が変わっても同じ政党だから政策を引き継げるのだというロジックでしたが、この点についてはいかがでしょうか。

元市幹部Ａ　吉村さんも含め、同じ政党ではありますが継続的に課題に取り組んでいるという印象はありません。橋下さんの時代を後の二人が引き継いでいるようには思えない。方向性としては橋下さんの引いた路線なんでしょうが、彼が本当にやりたかったことが今どうなっているのか、実際のところはわかりません。

橋下さんは理想形としては良いことも言っていたのに、四年で辞めてしまった。やっぱり最低でも八年はやって、最初にやったことを検証してＰＤＣＡで次を考えるということをやらないと物事は完結しないと思います。

――最後に、あらためて府と市のあるべき関係について、そして大阪府市の課題についてお聞きしたいと思います。

元市幹部Ａ　こうやってフランクに話せる相手が府にいてくれれば、それが一番いいですよね。役割はもともと違うし、やってることも違うので、一緒になる必要はない。

小西　僕はこれまでの関係が望ましいと思っています。大阪市が政令市として権限もプライドもって市域内のことはやる。それがあるから、大阪府は大阪市以外のことに力を入れてこられたわけです。

もちろん大阪市への対抗意識もあって、歴史的には大阪市が周辺の市と合併して市域拡張を進めようとするのを、大阪府がその周辺の市にお金を落とすことで止めるようなことをやってきた。だけどそれは結果として大阪全体の発展につながったし、戦後すぐは大阪市内のほうが多かった人口も今では大阪市域外のほうが圧倒的に多くなった。府と市がうまく棲み分けできてきたからだと思います。この関係を崩す必要はまったくない。

元市幹部A　財政の弱い周辺都市を都道府県が助けて地域を活性化していく。もともと都道府県というのはそういう立場だと思っています。単に府についていけばいいというのでは、成長戦略をもつなと言われているのと同じですから、今の大阪市は目標を見失っている状態だと思います。

小西　最近は大阪市の職員採用でも、「逃げてしまう」合格者が多いらしいですね。たしかに、なくなるかもしれない自治体に勤めようという気にはなれないと思いますが……。

元市幹部A　そうですね。あとは給料カットをやって、二〇ある政令都市のなかで最低額になってしまった。国公立大の出身者も減っています。特に技術職が手薄です。権限のない政令都市で街づくりをしても面白くないですから。

小西　市の方から、幹部候補生が育たないことが危惧されていると聞きました。ある程度の母数がないと育たないものだから、そのあたりを非常に危惧していると。

――外からはわからない積み重ねがすでにある、と。

元市幹部A　ボディーブローはとっくに効いていて、いつ膝から崩れ落ちるかわからない。それが今の大阪市だと思います。

第二部

維新政治と対抗運動

塩田潤／福田耕

序章　維新の「強さ」を紐解く

第二部では、維新とその対抗勢力によって繰り広げられてきた政治闘争を解き明かす。

大阪における維新の強さを分析する近年の研究は、そのほとんどが「誰が維新を支持しているのか」という支持層研究に偏重してきた。当初、二〇〇〇年代の新自由主義政治の下で周辺化された若年労働者などの「社会的弱者」に位置づけられる層が維新を支持しているという説が唱えられていたが、こうした説は近年の実証研究によって明確に否定されている。たとえば松谷満の研究が示すように、維新への支持は特定の社会階層に限られない。[1] 同時に、善教将大によれば維新への支持は個別政治家というよりはむしろ「政党ラベル」に基づくもので、維新そのものがすでにブランド化している。[2]

これらの先行研究は維新支持が特定層によるものではなく、幅広い府民、市民からのものであることを示唆している。しかしながら、従来の維新研究は、「政治闘争」の局面をほとんど論じてこなかった。それが政治戦略を問うものであれ、支持層を問うものであれ、維新の強さ

1　松谷満『ポピュリズムの政治社会学——有権者の支持と投票行動』東京大学出版会、二〇二二年。
2　善教将大『維新支持の分析——ポピュリズムか、有権者の合理性か』有斐閣、二〇一八年。

の研究は分析対象を維新とその支持者に絞ってきたのであり、そこでは敵対する勢力と権力を巡って争い合う「闘技」としての政治は語られてこなかった。問いを反転させる必要がある。すなわち、維新の「強さ」は対抗する政治勢力の「弱さ」を表している。だとすれば、なぜ維新に対抗する勢力は「弱い」のか、維新政治はいかにして対抗勢力を弱体化させてきたのかを分析する必要がある。維新が台頭する傍らで、これらの勢力はどのように変化してきたのだろうか。

同時に、次のような問いも浮かぶ。ここまで維新が選挙戦に強いにもかかわらず、なぜかれらは「大阪都」構想をめぐる二度の住民投票において敗北したのだろうか。また、細かく見ていけば、大阪で維新が敗北した政治闘争は「都構想」住民投票だけでないこともわかる。第二部の後半では、こうした維新の敗北を取り上げ、そこにどのようなダイナミズムがあるのか、誰が、いかにしてそのダイナミズムを作り上げたのかを分析する。

以下、第一章では、大阪府での維新による制度改革がいかに対抗勢力を弱体化させたのかを論じる。特に議員定数の削減、教育基本条例および職員基本条例、大阪府市統合本部の創設に焦点をあてる。第二章では、大阪市に目を向ける。とりわけ、維新による地域振興会再編や労働組合の「適正化」に注目する。第三章では、伝統的な諸勢力の力が衰える大阪での対抗運動を描く。そこでは、これまで政治に関わることのなかった人びとが動き出し、新しい共同が生まれていた。

改革の政治と中間団体の弱体化

維新に対抗する諸勢力はなぜここまで弱体化してしまったのか。この点を理解するために、第一章と第二章では次の二つの視点から分析をすすめる。まずひとつは維新の「制度改革」である。維新政治を象徴するキーワードが「改革」であることは――そこにどのような内実を見てとるかという違いはあれ――自他ともに認めるところだろう。維新の設立者でもある橋下徹の登場から現在に至るまで、維新政治は改革と切っても切り離せない。では、その改革は維新の強さとどのように関係しているのだろうか。

あらかじめ確認しておきたいのは、すべての制度改革がつねに、すべての個人・集団に利益をもたらすものとは限らないという点である。政治学では、社会のほとんどすべての人びとの現状を改善すると考えられ、それゆえに幅広い合意の得られる制度を「効率的」(efficient)な制度と呼ぶ。こうした制度をつくる場合、各政治アクターは互いに協力することができるだろう。他方で、一部の人びとが利益を得る代わりに、その他が不利益を被るようなゼロサム的制度を「再分配的(redistributive)」な制度と呼ぶ。[3] 典型的なのは選挙制度である。選挙競争で

3 Tsebelis, G., 1990. *Nested Games: Rational Choice in Comparative Politics.* University of California Press.

は必ず勝敗が決まるため、制度はその勝者にとっては勝つ条件であるし、敗者にとっては負ける条件である。このような制度を変更するときには、政治アクター間で激しい政治闘争が見られることとなる。

この「再分配的」制度の改革という視点は重要である。なぜなら、それは制度改革の闘争的側面に目を向けることを可能にしてくれるからである。つまり、制度改革はある政治勢力が自らの勢力維持や拡大を狙って行う場合があるのだ。実際に、議会内多数を持つ与党が自らの議席拡大を狙って選挙制度改革を行う事例は珍しくない[4]。

さて、もうひとつの着眼点は伝統的な諸勢力を支えてきた中間団体の衰退である。

そもそも、二〇世紀型の政党政治は中間団体の存在に大きく支えられてきた。一般的に保守政党は自治会や青年団・婦人会といった地域組織、農業団体や商工業団体などの職能集団、宗教団体などとつながりあい、革新政党は労働組合をはじめ福祉団体や各種の民主団体と関係を持ってきた。これら中間団体の役割は大きく二つある。第一に、これらの中間団体はフォーマル／インフォーマルな場で、大小さまざまな地域課題を政党に伝達する役割を果たしてきた。たとえばもともと住民統治・住民自治のための組織として機能してきた自治会は、行政施策の浸透を図る役割を担う一方で、地域住民の声を一定程度まとめあげ、政党に伝達してきた。第

4 Benoit, K. "Models of electoral system change", *Electoral Studies* 23. p. 382.

二に、これらの中間団体は選挙の際の支援組織として機能してきた。現在でも労働組合が特定政党の候補者に推薦を出し、選挙運動に運動員を派遣したり、組織内のネットワークを活用して支持を広げたりする光景は見られる。

このように、中間団体は自分たちの利害を政治に反映させようと政党に働きかける一方で、選挙時には末端の選挙運動を担う組織として機能する。この点で、中間団体と伝統的諸勢力は「持ちつ持たれつ」の関係であるといえる。水島治郎によれば、一九八九年（平成元年）の時点で日本において何らかの中間団体に所属していない有権者はわずか一六・九％にすぎず、実に八割以上の有権者が何らかの団体の一員であった。[5] 少なくとも平成に入るまでは、「個人―団体―政党という安定したつながり」が日本の政党政治を支えてきたのである。しかし中間団体への加入率は、この三〇年のうちに大きく減少していている。実際に先の水島の調査では、二〇一八年の時点で中間団体に所属していない有権者は四四・三％にまで増大している。

水島は中間団体の衰退をふまえて、近年のポピュリスト政治家の政治コミュニケーションを「中抜き」と表現する。いまや政治家や政党は中間団体を媒介して有権者とコミュニケーションをとるのではなく、ウェブメディアやSNSを通して、より直接的に有権者とやりとりするようになっている。さらにそこでは中間団体が「既得権益」や「抵抗勢力」として批判され、

5　水島治郎「中間団体の衰退とメディアの変容――「中抜き」時代のポピュリズム」水島治郎編『ポピュリズムという挑戦――岐路に立つ現代デモクラシー』二六-五三頁、岩波書店、二〇二〇年。

ポピュリストたちは団体批判を行うことで支持を集めているというのである。

こうした傾向は地方政治レベルでも指摘されてきた。丸山真央の研究によれば、かつての地方政治では中間団体と首長がつながり、中央からの利益誘導政治を実現していた。しかし一九九〇年代以降、「革新派知事」や「無党派知事」と呼ばれる首長が誕生する頃から、中間団体を通した利害調整は減少し、これに伴って選挙での票集めも団体依存からよりメディアを活用するものへと移行した[6]。中間団体の弱体化は、明らかに日本政治の風景を変えてきたのである。

中間団体の衰退に関しては、小選挙区制の導入、財政難や構造改革などによる利益誘導政治の減少などが主要な要因として語られることが多い。しかし大阪に目をやれば、違った要因も見えてくる。すなわちここには、維新による数々の「改革」が、伝統的諸勢力を支えてきた中間団体の組織力低下に大きく寄与している実態がある。第二部では、以上のようなアプローチから維新の改革の過程とその結果としての対抗勢力の弱体化を見ていこう。

6　丸山真央「利益媒介から行政改革へ——飯泉県政の政治手法と行政運営」久保田滋・樋口直人・矢部拓也・高木竜輔編『再帰的近代の政治社会学——吉野川可動堰問題と民主主義の実験』二一三―二三二頁、ミネルヴァ書房、二〇〇八年。

第一章　大阪府政における維新政治と対抗勢力

「維新一強」につながった議員定数削減

維新は二〇一一年四月の統一地方選において、大阪府議会で過半数（議席占有率五二・二九％）を獲得し、大阪市議会と堺市議会においても第一党に躍進した。

もっとも、大阪府議会議員選挙における維新の得票率四一％は、議会の中で維新が占める議席の割合を表す議席占有率五二・二九％に達していない。つまり、得票に比して過剰に議席を得ているのである。これは大阪府議会での六二選挙区のうち、「定数一」の小選挙区が半数を超える三三もあり、得票と議席数に乖離が起こる小選挙区効果が生じた結果であった。

だが統一地方選が終わるやいなや、維新は獲得した過半数を活用していく。まず同年五月、維新が大阪府議会において議員提案したのが、君が代の起立斉唱を強制する条例案と、大阪府議会の議員定数二一削減案だった。

君が代は、国旗国歌法制定時（一九九九年）の国会審議において日本が起こした戦争との関わりや歌詞が主権在民に反するとの指摘がなされたことから、政府は公務員であっても起立斉唱を義務づけられるものではないと答弁していた。同年三月には、君が代に起立斉唱しなかったことを理由に処分された東京都の教職員一六八人について、懲戒権の乱用として処分を取り消す判決が出されたところだった。これまでも復古的な立場の政治家や教育関係者が教職員に君が代を強制する動きが起こってきたが、当時府知事であった橋下はこうした立場とは距離を置き、あくまで公務員の規律や服務の問題として条例を提案した。君が代条例は全国的にメディアで取り上げられ、国旗国歌法の制定に関わった野中広務元官房長官などからも批判の声が起こったが、維新のみの賛成で「国旗国歌条例（大阪府の施設における国旗の掲揚及び教職員による国歌の斉唱に関する条例）」として可決成立した。

メディアが国旗国歌条例について大きくとりあげたのに比べ、ほとんど問題点が指摘されることなく可決され、結果的にこの後の維新にもっとも利益をもたらしたのは、大阪府議会議員定数の大幅削減だった。もともと、地方議会の議員定数は地方自治法で人口あたりの法定上限が決まっており、これが目安となっていた。しかし民主党政権が二〇一〇年に行った地域主権改革で法定上限を撤廃したことで、議員定数の目安がなくなり、躊躇なく削減することが可能となった。

維新は、当時一〇九あった府議会議員の定数を八八に削減する条例案を提出した。これは、二〇一一年統一地方選挙における維新のマニフェストにも掲げられており、府議会のスリム化がその理由として挙げられていた。削減後の八八議席という数字は、人口比で最も議員数が少ない東京都議会を参考に、議員の数は「一〇万人に一人が適当」として当時の大阪府人口八八〇万人から算出された。

しかし、この議員定数削減はその実、極めて政治性を帯びたものであった。そもそも、二〇一一年府議選において維新は定数一の選挙区ほぼすべてで勝利していた。それをふまえたうえで、二〇一一年府議選の選挙区のまま維新提案の定数削減が行われれば、六二選挙区のうち約八割の四八選挙区が「定数一」の小選挙区となる。ここに二〇一一年の選挙結果をあてはめると、維新が議席の六一%を獲得する一方、維新以外の政党の議席占有率は軒並み低下すると試算されていた。当時、維新が議会内で単独過半数であったことを考えれば、これは維新が競合する諸勢力の議席を減少させ、自らの議席をさらに増大させるための政治戦略であったとも考えられる。

議会内では自民党、民主党、公明党、共産党の議員らが継続審査を要求したが、議会内多数を持つ維新はこれを拒否、公明党が議場入り口を封鎖するなど議会は紛糾した。最終的には、維新単独での強行採決によって議員定数削減案を可決させるに至った。

実際に、この定数削減の効果は如実に現れた。二〇一一年府議選の全候補者数が二〇六人だったのに対し、二〇一五年は一八二人、二〇一九年は一四六人と、大阪府議会に挑戦する立候補者は大幅に減少していった。特に影響を受けたのは中小政党で、一一年は民主党三三人、

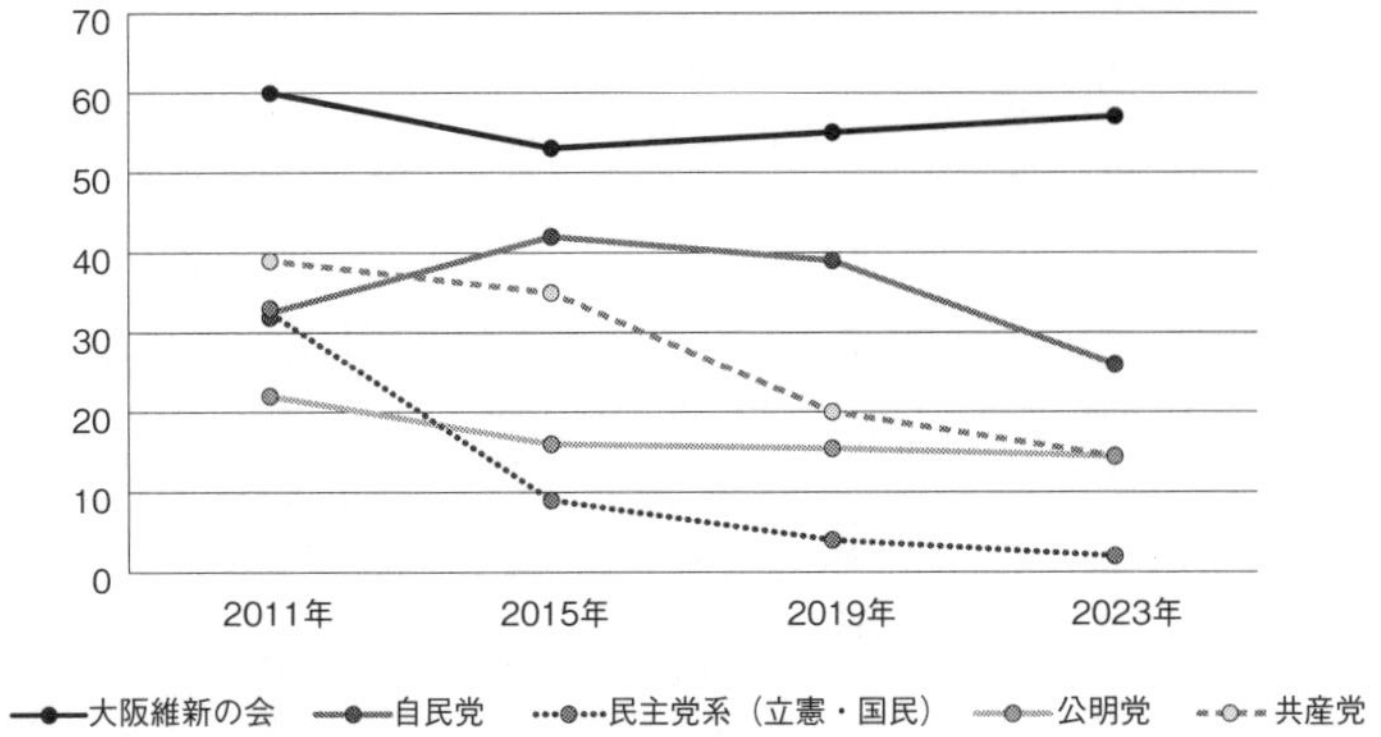

図1　大阪府議会議員選挙主要政党の候補者擁立数推移

公明党二二人、共産党三八人だったのが、一五年には民主党九人、公明党一五人、共産党三五人、一九年には立憲民主党三人、国民民主党一人、公明党一五人、共産党二〇人と、選挙を経るたびに候補者の擁立すらできなくなっていったのである（図1）。中小政党が選挙戦から撤退した影響により、一九年には全議席の一五%にあたる八選挙区一三人が無投票当選となっている。

付け加えておけば、こうした定数削減は選挙そのものの意義を低下させてしまう。砂原庸介の研究によれば、定数削減後、大阪府内の選挙区間で、いわゆる「一票の格差」とも言われる定数不均衡は悪化した。さらに、各政党の議席占有率と得票率とのあいだにどれほど乖離があるかを表した非比例性が悪化していることも明らかになっている。[7] これらに焦点をあてれ

7　砂原庸介「選挙区割りと地方政治：大阪の事例研究」『阪大法学』六五巻二号、一四三―一六九頁、二〇一五年。

ば、維新の定数削減は民主政治を毀損するものとしても捉えられる。

こうして、維新は二〇一一年に四一%の得票率で過剰に得た議会過半数を用いて、対抗する勢力の議会進出を阻み、「維新一強」の大阪府議会をつくり出す制度づくりに成功した。候補者を減らした政党が有権者や大阪府政への影響力を減退させる一方、相対的に多くの議席を持つ維新の影響力はより強まることとなったのである。

公務員削減の帰結

国旗国歌条例成立後には、職務命令に従わなかった職員を処分する条例が出されると報じられた。教育基本条例と職員基本条例である。

維新の議員提案として大阪府議会に出されたこの二つの条例は、職務命令違反五回、同一命令違反三回での分限免職のほか、職員の一定数(五%)を必ず最下位評価し、二年連続で最下位評価となった職員の免職を掲げた。また、三年連続定員割れした府立高校は統廃合することや学力テスト結果の市町村・学校別公表、府立高校の学区全廃などが記され、当初案には知事が教育目標を決め、教育委員を罷免できるとする条項や保護者が学校や行政に要求することを阻む条項などが含まれていた。

これらの条例が提案された一つの要因に、橋下がすすめようとした施策に対する、職員を含む教育分野の強い抵抗があったことが考えられる。たとえば大阪府知事時代の二〇〇八年五月末、大阪府が行っていた小学校一、二年生における三五人学級制度を橋下が廃止しようとしたところ、大阪府PTA協議会が反対署名に取り組み、これに大阪府小学校校長会と中学校校長会が賛同して一〇五万五五五一人分の署名が集約されて撤回につながったということがあった。全国学力テストの結果公表についても小中学校校長の九割以上が批判し、エリート校の設置に対しても府立高校校長の七割が反対していた。[8]

教育基本条例と職員基本条例に対しては著名人や学者をはじめ、大阪だけでなく全国から反対のアピールが相次いだが、二〇一一年一一月の大阪ダブル選挙を経て、知事提案として修正され、教育行政基本条例、府立学校条例、職員基本条例となって、二〇一二年三月に可決成立した。

成立した職員基本条例は、「最少の経費で最大の効果を挙げるために、簡素で効率的な組織の運営に努めるものとする」とされ、大阪府の職員数について五年ごとに削減目標を決めることとなった。橋下府政以来の維新の行政改革と職員基本条例によって大阪府の職員削減は大きくすすみ、橋下府政誕生前の二〇〇七年度に一万三六八人いた正規職員は、二〇二〇年度には

8　大阪教職員組合・大阪府立高等学校教職員組合・大阪府立障害児学校教職員組合「憲法改悪へ、教育の政治支配をすすめ、公教育を破壊する『教育基本条例案』に反対し、撤回を求めます」二〇一一年八月三一日。

七二七六人まで減少した。[9] たとえば公衆衛生分野では、大阪府における人口一〇万人あたりの保健師数は二七・七人と全国で二番目に少なく、全国平均の四四・一人を大きく下回る体制となっている。[10]

また、大阪府内各地で維新市長や維新的な市長が誕生し、職員削減や公共サービスの民営化や民間委託、廃止が相次いで行われた。そうしたなかで、府内の自治体で働く正規職員数についても、二〇〇七年度の約一〇万五〇〇〇人から二〇二〇年度の約六万九〇〇〇人まで削減され、非正規職員数は約二万九〇〇〇人から約四万三〇〇〇人へと増大している。[11]

こうした職員数の減少は当然、住民サービスの低下を招く。同時に、自治体職員の削減は職員でつくる公務労働組合の組織減につながることも極めて重要な点である。例えば、労働組合基礎調査によると、大阪府の自治体職員の労組には二〇〇九年時点で四万五〇九二人の組合員がいたが、二〇二一年には二万七九七六人に大きく減少している（表1）。また、大阪府の学校教職員（私学を含む）の労組員数は、二〇〇九年の三万九一〇九人から二〇二一年には二万一六〇七人まで減少している（表2）。もちろん、組合員の減少自体は大阪だけの問題ではな

9　全大阪労働組合総連合による各自治体への照会調査（二〇二二年六月二五日）。
10　坂田俊之「維新政治は何をやってきたか」『季刊　自治と分権』第九〇号、六六–六八頁、大月書店、二〇二三年一月。
11　坂田俊之「維新政治は何をやってきたか」『季刊　自治と分権』第九〇号、七六–七七頁、大月書店、二〇二三年一月。

表1　大阪府内の地方公務員組合数および組合員の推移

	組合数	増減	組合員計	男性	女性	増減
2009年	156	1	45,092	24,594	20,498	△811
2010年	152	△4	43,040	23,164	19,876	△2052
2011年	152	0	42,755	22,682	20,073	△285
2012年	152	0	40,155	21,106	19,049	△2600
2013年	150	△2	37,442	19,640	17,802	△2713
2014年	149	△1	36,045	18,689	17,356	△1397
2015年	144	△5	34,805	17,813	16,992	△1240
2016年	143	△1	33,931	17,327	16,604	△874
2017年	142	△1	32,656	16,639	16,017	△1275
2018年	143	1	31,601	16,033	15,568	△1055
2019年	145	2	30,449	15,608	14,841	△1152
2020年	144	△1	29,275	14,939	14,336	△1174
2021年	144	0	27,976	14,061	13,915	△1299

※大阪府商工労働部雇用推進室労働環境課「労働組合基礎調査」より作成。

表2　大阪府内の学校教育に関わる組合数および組合員の推移

	組合数	増減	組合員計	男性	女性	増減
2009年	227	△1	39,109	18,525	20,584	△1406
2010年	221	△6	38,789	18,222	20,567	△320
2011年	225	4	37,783	17,870	19,913	△1006
2012年	222	△3	36,710	17,154	19,556	△1073
2013年	215	△7	33,018	15,074	17,944	△3692
2014年	214	△1	30,835	13,806	17,029	△2183
2015年	212	△2	29,702	13,303	16,399	△1133
2016年	212	0	28,227	12,830	15,397	△1475
2017年	209	△3	26,488	12,055	14,433	△1739
2018年	210	1	25,009	11,375	13,634	△1479
2019年	209	△1	24,517	11,178	13,339	△492
2020年	207	△2	23,716	10,786	12,930	△801
2021年	201	△6	21,607	9,678	11,929	△2109

※大阪府商工労働部雇用推進室労働環境課「労働組合基礎調査」より作成。

い。しかし、同時期にほとんど維新議員が議会内におらず、維新政治に大きな影響を受けていないと考えられる京都府の組合と比較してみると、その違いは明らかである。二〇〇九年から二〇二一年にかけての自治体職員の組合員の減少率は京都で三三％、大阪が三七％であった。また、教職員の組合員の減少率は京都で三六％であるのに対し、大阪では四四％であった。維新政治のもとでの公務員削減が、結果として大阪府の労組の弱体化を招いていた。

首長選挙において候補者の政策づくりや選挙実務、要員派遣の中心を担ってきたのは政党自身というよりも労組であり、とりわけ公務労働組合の役割は大きなものがあった。公務労働組合の組織と影響力の減退は、維新に対抗する首長候補の力を削ぐことになったのである。また全労連（全国労働組合総連合）加盟の労組は議員選挙で政党公認候補への推薦を行わないことにしているが、連合（日本労働組合総連合会）加盟の労組は、民主党の候補を推薦して議員選挙に取り組んできた。このため労組の組織減の影響は民主党やその後継政党を直撃するものであり、実際にこれ以降、大阪府で民主党系勢力が急速に衰退した。議員定数削減や教育基本条例、職員基本条例によって大阪府政では直接的、間接的に対抗勢力の組織力が弱体化することとなった。

大阪府市統合本部

二〇一一年一一月、大阪ダブル選挙が行われた。当時大阪府知事であった橋下が大阪市長選に、当時大阪維新の会幹事長で府議であった松井が大阪府知事選に立候補し、維新は大阪府知事と大阪市長の双方を握ることとなった。そしてこの選挙の直後、一二月に立ち上げられたのが、「大阪府市統合本部」（以下、府市統合本部）である。

府市統合本部は松井知事が本部長に、橋下大阪市長が副本部長となり、府市の幹部や特別顧問が出席し、府市共通の課題に関して行政として協議し、事実上重要事項の方針を決める場として発足した。維新は、「財政破綻寸前だった大阪に発足したのが府市統合本部。ここから大阪は府市一体となって、成長してきました」[12]と、この協議体の発足を大阪のターニングポイントとして評価している。

もともと大阪府の方針決定は、府独自の機関である「大阪府戦略本部会議」で行われることとなっていた。また、府市統合本部は大阪府議会と大阪市議会での議決を経て設置されたものではないため、条例や法律に基づかない話し合いの場であったが、大阪市長が大阪府に、大阪

12　大阪維新の会「大阪はひとつになって成長する～住民サービスをよくするために～」二〇二〇年一〇月二一日公開、https://www.youtube.com/watch?v=gUenmu-KSb4

府知事が大阪市に、直接意見を述べ、それぞれの施策に関与することが可能な仕組みとなっていた。特に大阪市長の橋下が大阪府の幹部や大阪府の教育委員に対して意見を述べ、府の方針決定にたびたび影響を与えた。また、広域行政に関わる地下鉄やバス、水道などの課題ごとにタスクフォースチームが設置されて府市の特別顧問が参加したが、何ら指揮命令の権限のない彼らが府市の職員に命令することもあった[13]。

府市の方針を決めるこの協議体に、大阪府議会と大阪市議会の議員はまったく参加できなかった。議員用の傍聴席ができたのは、発足から半年後の第一四回会議からで、意見を述べる機会は与えられなかった。

このように、府市統合本部は議会や住民の影響を受けずに府市の方針や住民サービスに関わる課題について決定できる場として機能し、一方で議員や住民団体などによる大阪府政・大阪市政への影響力は相対的に低下していくこととなった。

13 大阪府「平成23年度第13回大阪府戦略本部会議 議事概要【報告】」二〇一二年二月二〇日、https://www.pref.osaka.lg.jp/kikaku/senryaku/240220hokoku.html

第二章　大阪市政における維新政治と対抗勢力

地域振興会再編と「草の根保守」の弱体化

本章では、大阪市政に着目して維新政治と対抗勢力の弱体化を検討する。二〇一一年の選挙を経て、維新は早々に大阪府議会で単独過半数を得た一方で、大阪市議会では長らく単独過半数を占めることができてこなかった。そのため、大阪市議会は対抗勢力からすると文字通り「最後の砦」とされてきた。しかし、二〇二三年の市議会議員選挙においてついに大阪市議会でも維新が単独過半数を獲得した。では、この一〇年あまりの間にどのような維新政治が展開され、またどのように対抗勢力は弱体化してきたのだろうか。以下では、まず伝統的な保守勢力、続いて革新勢力の変化について考察を進めよう。

大阪市においては、地域振興会という地域住民組織が「草の根保守」の組織として自民党に紐付いてきた。地域振興会は、他地域では町内会と呼ばれるような組織である。大阪市ではこの地域振興会が地域コミュニティにおける自治組織としてさまざまに機能してきた歴史がある。

例えば地域の防災訓練や防犯活動、高齢者の交流会や地域のお祭りの主催、清掃活動といったように、地域コミュニティの文化を守ると同時に地域住民同士がつながりあう場をつくることで、人々の暮らしや地域の自治を地域振興会が支えてきた側面がある。

また地域振興会は、地域コミュニティと政治行政のあいだの利害調整の役割を果たしてきた。たとえば港区のある地域振興会では、道路の舗装工事に際して、アスファルトがよいかコンクリートがよいかということまで地域振興会内で議論し、行政側に要望を伝えていたという。同時に、地域振興会は事実上自民党や自民党が支援する首長の支持基盤としても機能してきた経緯があり、大阪市においても地域振興会の関係者がしばしば自民党市議の支援団体の幹部を務めることがあった。

それでは、維新政治はどのようにしてこの地域振興会という中間団体を弱体化させたのであろうか。以下では、維新政治による地域振興会再編計画の実施とその影響を考察する。[14]

二〇一一年一一月二七日、維新は大阪府知事・市長ダブル選挙に勝利し、橋下徹が大阪市長に、松井一郎が大阪府知事に就任することとなった。そのわずか二日後、橋下はこれまで大阪市から地域振興会に支出されていた補助金を見直す意向を示し、同年一二月六日には地域振興

14　維新政治による地域振興会再編については、丸山真央による論文「大都市の「草の根保守」は変わったのか――大阪維新の会の地域政治の社会学――」(『フォーラム現代社会学』二〇号、五二―六五頁、二〇二〇年)で詳しく論じられており、本書の議論も丸山論文に依るところが大きい。

会の運営補助金四億三六〇〇万円を一時的に凍結した。[15]この際、橋下は地域振興会のことを歴代大阪市長を支えてきた「選挙マシーン」、運営補助金は「ばらまき」と批判していた。

地域振興会については、役員への謝礼金が多すぎることや一部地域振興会による補助金の不正使用などがかねてより問題視されていた。また、人口の流動化による加入率の低下という課題もあった。二〇一〇年、大阪市はこれらの諸問題に対処するために、当時の平松邦夫市長の下で地域振興会を他の地域団体やＮＰＯと統合した「地域活動協議会」に再編し、一括補助金化する計画を始めようとしていた。[16]二〇一一年選挙での市政交代はその矢先に起こった。

選挙を経て誕生した橋下市政はこの地域振興会再編計画に修正を加え、強硬に推し進めた。新たに設立された地域活動協議会では、それまで直接的に地域振興会へと支出されていた運営補助金が、地域活動協議会を通して間接的に配分されることとなった。また、すべての事業に領収書提出が必要な補助金制度へと変わった。こうした制度変更は補助金制度の透明化を促進した一方で、地域振興会への補助金の実質的なカットや事務作業の増大をもたらした。

さらに、地域活動協議会の補助金制度では、補助金給付の条件として政治活動の禁止が付け加えられた。大阪市の資料によれば、「政治上の主義を推進し、支持し、又はこれに反対する

15　大阪市政調査会『大阪市政研究』一七七号、二〇一二年。
16　鯵坂学、徳田剛「第６章　大都市の発展と住民統治・地域住民組織政策の変遷」鯵坂学ほか編著『さまよえる大都市・大阪――「都心回帰」とコミュニティ』一四五頁、東信堂、二〇一九年。

ことを目的とする活動」や「特定の公職の候補者若しくは公職にある者又は政党を推薦し、支持し、又はこれらに反対することを目的とする活動」を行っている地域活動協議会は、市からの補助が受けられないこととなった[17]。

これら一連の地域振興会再編は行政改革の一環として行われたものの、その背景には、選挙において維新の対抗馬を支援する地域振興会を弱体化させる狙いがあったことは橋下自身がさまざまな場で公言している。例えば、二〇一一年三月三日に橋下は自身のツイッターで次のようにツイートをしている。

地域振興会、地域ネットワーク推進委員会、赤十字奉仕団、地域コミュニティ協会、まあここに市役所のOBがごろごろいて、補助金を受けて、仕事も随契約（原文ママ）で独占的に受けて何十億という補助金が流れ込んでいます。そして職員組合と一体化して市長を担ぎ出す[18]。

同様のことは堺屋太一との共著『体制維新』でも語られている。

17 大阪市「地域活動協議会に対する補助金の交付の基準に関する要綱」二〇一三年（https://www.city.osaka.lg.jp/shimin/cmsfiles/contents/0000220/220494/kijunyoukou20211111.pdf）。
18 橋下徹ツイッター、二〇一一年三月三日（https://twitter.com/hashimoto_lo/status/43120980956160000）。

大阪市役所は特定の地域団体を支援し補助金を配り、そこが市長選の選挙マシーンとして動いています。その代表的なものが地域振興会という自治会組織です。地域振興会は市役所から補助金や交付金を受けます。その地域振興会が現市長の後援会組織を作るのです。（略）霞が関では、役所があり、業界団体があり、政治家がいて、政官業の癒着、『鉄のトライアングル』と言われています。大阪市の場合は、市役所があり、業界団体の替わりに自治会組織や地域の団体があり、そこに役所からお金が流れ込むという構造です。[19]

こうした認識の下、維新政治による地域振興会再編は行われた。維新の改革は、地域振興会の組織構造を組み変え、補助金給付の方法を変更し、補助金給付の条件として政治活動の禁止を付け加えることによって、「草の根保守」層と自民党との「制度的つながり」を「破壊」した。[20]

では、こうした改革によってかつて自民党の支持基盤として機能していた「草の根保守」層はどのように変化したのだろうか。

19　橋下徹・堺屋太一『体制維新――大阪都』一七五―一七七頁、文藝春秋、二〇一一年。
20　丸山真央「大都市の「草の根保守」は変わったのか――大阪維新の会の地域政治の社会学――」『フォーラム現代社会学』二〇号、六二頁、二〇二〇年。

表3　北区S地区　住民層別の支持政党

	維新	自公	民主	その他	無党派	(N)
旧住民—持家	37%	24%	6%	5%	29%	(63)
旧住民—借家	13%	8%	13%	13%	54%	(24)
新住民—持家	37%	14%	9%	7%	33%	(70)
新住民—借家	22%	27%	8%	16%	26%	(73)
全体	30%	20%	8%	10%	32%	(230)

丸山真央「大都市の「草の根保守」は変わったのか——大阪維新の会の地域政治の社会学——」『フォーラム現代社会学』20号、59頁、2020年より抜粋。

丸山は二〇一二年七月～九月に大阪市北区S地区を対象に、支持政党を問う質問票調査を行い、調査の回答結果を居住年数と住宅の所有をもとにした住民層別に分類して考察を行っている（表3）。ここで注目されるべきは、「旧住民—持家」層（二〇〇〇年以前から居住し、分譲マンションもしくは自家を所有する層）、すなわち「草の根保守主義」の担い手となる層の分析結果である。表3にある通り、「旧住民—持家」層における自民党・公明党支持は二四％であるのに対し、維新支持は三七％と自公支持を上回っている。

ただしこれは、かつての「草の根保守」層が大挙して自公支持から維新支持へと流れたことを必ずしも意味しない。たとえば維新による地域振興会再編に対して、明確に不満を表明している地域振興会関係者もいる。生野区のある町会長は、二〇一二年当時、新聞インタビューで「地域振興会への財政措置も凍結したり減らそうとしたり。橋下さんは、市長選で相手方を応援した政治団体だとみなしたものはつぶすつもりです。しかし、大事なのは振興会の自主的な発展を保障することですよ」と述べていた。[21]

また丸山による北区の町会長へのインタビューでは、維新の話題や地域振興会批判、地域活動協議会の話題になると、ある自民党支持の町会長が「いろいろ大変なことになっていますなあ」、「何とも大変なことで……」と述べたという。聞き取りを行った丸山はこの場面について、「維新や橋下に対する批判や不満が行間に滲むようなやりとりであった」と記している。

一方、丸山の調査では、維新支持を表明する町会長へのインタビューも行われている。町会改革を推し進めようとするこの町会長は、かつての「振興町会の役員は地付きの高齢男性で占められており、町会に新住民や新しい商店を巻き込もうとする努力は難しかった」として、旧来の地域振興会の閉鎖性を批判していたという。[22]

つまり維新による地域振興会再編は、単に補助金制度の改革によって地域振興会の活動に制約をかけただけでなく、地域振興会内部の改革派と守旧派の対立をより先鋭化させることによって、組織の機動力を削ぐものであったとも考えられる。実際に、二〇一五年五月に行われた「都構想」をめぐる住民投票の選挙戦の最中、橋下はあるタウンミーティングにおいて「大

21 二〇一二年六月六日付『しんぶん赤旗』「橋下『維新』逆流の正体／第1部 市民攻撃に立ち向かう（1）」(https://www.jcp.or.jp/akahata/web_daily/html/5bu-ishin/01-ishin1.html)。
22 丸山真央、前掲書、五八頁。

阪市内、これから大戦争になる。連合町会、真っ二つに分かれる」と語っていた。[23] ここでいう連合町会とは地域振興会を指しており、彼が自身の台頭期から住民投票に挑むまで、一貫して地域振興会の動きを抑え込むことを意識していたことがわかる。

以上、維新政治による地域振興会再編を中心に、保守政党の支持基盤であった中間団体の弱体化を考察してきた。革新勢力の場合、こうした中間団体の弱体化はどのように引き起こされてきたのだろうか。次節では、維新政治による労組への「攻撃」を見ていこう。

橋下徹と労働組合

労働組合の「適正化」

市役所の職員が政治活動をしている。我々が勝った場合、一族郎党がどうなるか覚悟を決めておけ。戦のおきてだ。[24]

二〇一〇年一二月、橋下徹は大阪市鶴見区での大阪維新の会主催のタウンミーティングでそ

23 朝日新聞大阪社会部『ルポ　橋下徹』二〇一五年。
24 朝日新聞大阪社会部、前掲書、一八二頁。

う訴えた。

橋下は政治舞台に現れた当時から、激しく公務員労働組合を攻撃していたことで知られている。二〇一一年一一月の大阪府知事・市長ダブル選挙で勝利した橋下は、同年一二月の施政方針演説で「公務員労働組合の適正化」を掲げ、次のように述べた。

職員が民意を語ることは許さない。自宅で語ることは自由だが、市役所内で公務員として政治的民意を語ることは許さない（略）大阪市役所の組合を適正化することに執念を燃やす。公務員、公務員組合をのさばらしておくとギリシャのように国が破綻してしまう。市役所の組合を徹底的に市民感覚に合うように是正、改善していくことによって日本全国の組合をあらためていく。そのことによってしか日本の再生の道はない。

労組側にとって、これは「宣戦布告」以外の何ものでもなかった[25]。

大阪市の労組は、大きく分けて「大阪市労働組合連合会」（市労連）と「大阪市役所労働組合」（市労組）の二つがある。両者はもともとひとつの組織であったが、前者の連合への加盟をきっかけに一九九〇年に分裂した。規模でいえば、役所の職員から現業職まで束ねる前者の

25　要宏輝「断罪された『橋下流』組合攻撃——橋下市長の法的断罪から政治的断罪へ！」『現代の理論』第三号、二〇一七年。

ほうが圧倒的に大きく、一九八〇年代後半から二〇〇七年まで市労連とも密接につながりのある市の助役出身者が市長を務め、また二〇〇七年から四年間市長を務めた平松邦夫もアナウンサー出身ではあるが、市労連の支援を受けていた。

歴代市長の選挙支援に象徴的な市当局と労組の密接な関係は、橋下が苛烈に公務員を攻撃した背景の一つでもある。そこに、いわゆる「職員厚遇」と呼ばれるような状態があったことはたしかである。たとえば二〇〇三年には残業をせずに残業代を受け取る「カラ残業」が約九〇〇〇件も報告されていたし、条例に基づかない「ヤミ年金・退職金」のために一九九三年から二〇〇三年までのあいだで約三〇四億円が大阪市から職員互助組合に支出されていた。このような労使関係は明らかに不適切なものである。

こうした経緯からすれば、橋下が労組と使用者である大阪市とのあいだの関係を「適正化」しようとしたことは市民感覚に沿うものであったとも言えるだろう。ただし先の施政方針演説は当時、メディア上で次のように語られたていたことも事実である。

敵に見立てた古い体質・勢力を徹底的にたたくことで多くの支持を集めてきたともいえる橋下市長が、次のターゲットに選んだのは労組なのか。[26]

26 二〇一一年一二月二九日付『毎日新聞』(大阪本社)。

つまり維新政治による労組の「適正化」は、自らに支持を集めるための政治戦略でもあった。同時に確認する必要があるのは、そうした労組への攻撃による実態的な影響である。以下ではまず、維新による労組の「適正化」の過程を確認し、その後「適正化」が労組の組合活動および政治活動に及ぼした具体的な影響を述べる。

「適正化」と弱体化

(1) 職員調査

橋下は、市長就任の直後からさまざまな職員調査を行った。職員全員を対象とした労組・政治活動に関するアンケート調査および入れ墨調査、管理職を対象とした労組活動に関する調査、幹部職員のメール閲覧、大阪市教育委員会による各校長、教頭、事務局幹部らを対象とする労使関係に関するアンケート調査などが知られている。

特に大きな問題となったのが、大阪市職員への労組・政治活動アンケートである。これは二〇一二年二月一〇日、野村修也(当時中央大学法科大学院教授)を中心とする第三者調査チームによって開始された。この第三者調査チームは、当初から市労連が先の選挙において橋下の対立候補であった前市長・平松邦夫を組織的に応援していたことを問題視していた。そうした背景の下、アンケートの質問項目では「あなたは特定の政治家を応援する活動に参加したことがあるか」、「誰に誘われたか」、「組合加入を誘われたことがあるか」といったことが問われた。また、アンケートには氏名や職員番号の記入が必須であり、回答については「任意の調査ではありません。市長の業務命令として、全職員に、真実を正確に回答して頂くことを求めます。正確な回答がなされない場合には処分の対象となりえます」という強制性を示唆する前文が市長署名入りで記載されていた。

こうした労組への攻撃に対して、市労連は大阪府労働委員会および中央労働委員会へ申し立てを行った。これに応じて大阪府労働委員会は異例の勧告書を出し、審査手続きに入る前に市長の責任で調査を中止するよう求めた。第三者チーム顧問の野村はこの勧告を受けてアンケート調査を凍結、二〇一二年四月には回収したアンケートを「廃棄」した。二〇一四年には審査結果が報告され、中央労働委員会は一連の組合事務所の退去要請および政治活動アンケート調査について、「大阪市には組合を弱体化する意図があったと推認できる」とし、「不当労働行為」に認定した。

さて、こうした調査は労組の活動にどのような影響を及ぼしたのだろうか。法学者の西谷敏は、この調査を「政策的」調査あるいは「政策としての調査」と呼び、次のように指摘する。

その「政策」とは、職員調査についていえば、第一に、あらかじめ当局がたてた命題、すなわち、労働組合は違法な選挙活動を行ってきた『悪者』であるという命題に客観的な装いを与えて、マスコミに宣伝することであり、第二に、調査対象である職員に対して、選挙活動＝悪であるという意識を植え付け、同時に職員・組合員と組合を離反させ、全体として労働組合を弱体化させることにあったといえよう。[27]

つまり、これらの調査はきわめて政治性の強いものであり、明確に労組の弱体化を狙って行われた維新の政治戦略の一環であったのだ。

（2）労組活動を規制する三条例

右記の調査はそれ自体の「政策的」効果にとどまらず、さらなる「適正化」の布石でもあった。

労組・政治活動アンケートに対する大阪府労働委員会からの勧告の後、当該のアンケート調査は取りやめとなったものの、その他の調査は継続されていた。それら調査の報告書は二〇一二年四月に第三者チームから橋下へ提出され、そこでは労組と歴代市長および市役所の関係性を「労使癒着の構造」とし、この構造を維持するために「労使ともに市長選挙に深く関わって

27　西谷敏「公務員組合攻撃の意味するもの――橋下大阪市長による組合攻撃の法的問題点と社会的背景」『労働法律旬報』一七六九号、一〇頁、二〇一二年。

きたことは否定できない」と結論づけられていた。

橋下はこの報告書の結論に基づき、市役所と労働組合の関係を「ただしていくルール」の必要性を表明した。具体的には「政治活動規制条例」、「労使関係適正化条例」、「政治的中立性を確保するための組織的活動の制限に関する条例」という三条例である。

政治活動規制条例は、勤務時間外であっても政党への支持や首長の打倒などを呼びかける集会や街頭演説などでの意見表明の禁止、政党機関紙の配布の禁止など、大阪市職員の政治活動を国家公務員並みに制限するものであった。条例に違反した場合は戒告、減給、停職、免職といった罰則が課せられる。また政治的中立性を確保するための組織的活動の制限に関する条例では、市職員(特に幹部級)の組織的な選挙活動への関与を禁止した。

労使関係適正化条例は、市当局と労組との団体交渉の内容をきわめて狭い労働条件などに制限するものであった。地方公務員法によれば「管理運営事項」は団交の対象とは必ずしもならないが、勤務条件などについては団交の対象となるとされる。しかし同条例は、そもそも管理運営事項に関する意見交換を禁じ、「転任、昇任、昇格その他の具体的な任命権の行使に関する事項」について市当局は労組に説明さえ行わないとされる。

また労使関係適正化条例では、任命権者である市長に、組合活動の検証と違法な組合活動を抑止する措置を求める権限を付与している(八条二項)。さらに、人事委員会は地方公務員法で定められている「職員の勤務条件の維持改善を図る」という目的に合致していないと判断した場合、当該の職員団体の登録を取り消すことができるという項目もある（一一条）。加えて同条例では、労組に対する便宜供与が全面的に禁止されている（一二条）。

橋下は二〇一二年一月の時点で労使関係適正化条例と政治活動規制条例を制定する意向を示しており、彼が当初から労組の政治活動を条例で規制しようとしていたことは明らかであった。二〇一二年四月に提出された第三者チームの調査報告書は、橋下が実際に条例制定を推し進めるための梃子の役割を果たした。先に述べたように、橋下はこの報告書を根拠に三条例の制定に踏み切ったのである。

これら三条例は、明らかに労組の活動を制限するものである。労使関係適正化条例によって労組の交渉力は事実上大きく損なわれ、団交は形骸化することとなる。さらに便宜供与の全面的な禁止によって、労組の活動の幅はきわめて制限されてしまう。そもそも橋下は二〇一一年一二月二六日に労働組合事務所の市庁舎からの退去を要請する意向を示し、二〇一二年一月一五日には会議室やロッカーの使用といった労働組合への一切の便宜供与を禁止するよう総務課に指示を出していた。労使関係適正化条例は、こうした橋下の行為を条例によって制度化するものでもあった。ここでも、労組の弱体化という意図は明確であったように思われる。

条例の影響について、筆者は、二〇一一年まで市労連を構成する大阪市職員労働組合の委員長を務め、その後自治労大阪府本部の副委員長、委員長を歴任した山口勝己に聞き取りを行った。山口は、便宜供与の禁止の影響をこう振り返る。

法律では、使用者から労働組合への便宜供与は支配介入になる恐れがあるので、禁止されています。ところが、それにも限度があるんです。たとえば、職場の会議室で組合が会議をする。これは、使用者と労働組合の長い交渉の過程で認められてきた水準なんです。職場内に事務所を借りるということももちろん、タダで借りているということではなくて、最初は減免してもらっていたけど、市民の目があるということで多くの組合が一〇〇%の家賃払ってるんですね。それにもかかわらず、〔橋下は〕出て行けと。あるいは、職場の組合員の机に組合の新聞を配る、これもだめだと言われました。こうなるとほとんど非合法化ですよね。自治体の組合活動はできなくなってしまう（〔　〕内筆者補足）。

労組の弱体化は維新だけでなく、公明党や自民党にとっても政治的な利益となるものであった。それゆえに、これらの政党が条例制定に協力する場面も見られた。例えば、二〇一二年七月六日、三条例は議会に提出され、同月二四日には維新と公明党の賛成多数で可決成立された。このうち政治活動規制条例と労使関係適正化条例には自民党も賛成していた。

条例案提出から可決までの日程からもわかるように、三条例についての議会での議論は十分になされたとは言い難かった。それにもかかわらず、公明党が賛成の立場に回った背景には、国政選挙も視野に入れた「民主党・組合つぶし」の意図があったと言われる。また、自民党も組合活動の規制に関しては異論を挟まなかった。労組の活動に制約をかければ、その労組に支えられている民主党の選挙活動、政治活動にも制約をかけられるといった認識の下、橋下・維新、公明党、自民党の利害は一致していたのである。

政治活動規制条例は実際にその効果を発揮した。同条例が制定されて以後初めて行われた二〇一五年の大阪市議会議員選挙において、民主党公認候補は全滅し、市労連の組織内候補も全員が落選した。この民主党系ブロック壊滅の要因の一つには、「政治活動規制条例が響いて、組合員が思うように動けな」かったことがあげられている[28]。

さらに、二〇一五年五月に行われた大阪都構想をめぐる住民投票に先立って、橋下は大阪市職員に対する「職員の意見表明について」という文書を、当時の労組委員長宛てに送っている。そこには次のような記述がある。

> 公務員の肩書きではなく、職場外で個人的な意見・感想を表明することは、私人の立場での発言として基本的に自由であると考える。ただし、特別区設置の住民投票においては、地方公務員法や『職員の政治的行為の制限に関する条例』における職員の政治的行為の制限規定の適用があることを申し添える。

28　朝日新聞大阪社会部、前掲書、二〇二頁。

さらに、

協定書案については、権限と責任を有する者が正確に情報発信することが求められており、権限を有さない立場での無責任な発言は慎むべきである

とも記されていた。これは政治活動規制条例を使って、住民投票での組合員の活動を牽制するものであった。実際にこの時、労組側の顧問弁護士を務めていた北本修二は、組合員に対する「萎縮効果が働いている」と述べていた[29]。ただし、政治活動規制条例に基づいて罰せられた職員が、実際にはいなかったことも興味深い点である。このことについて、山口は次のように述べる。

我々も都度都度の市長選挙とか市議選挙では、労働組合として推薦決定もしていますし、組合員に推薦した人の支援を呼びかけるというのは、法律的に保障もされていますから、政治活動規制条例を適用させて処分なんてしたらわれわれも黙っていませんし、裁判にな

29　朝日新聞大阪社会部、前掲書、一八一頁。

ると向こうが負けると思いますね（略）労働組合としてこういう政党を支持するとか、こういう人を推薦するとか、それを組合組織内に告知するとかその範囲のことはやっています。ただ、もうちょっと、職場で「今回この人を推薦するから頼むわな」みたいな話が政治活動規制条例のなかで、そうした組合的な、政治的な話を職場でしてはいけないみたいな雰囲気は蔓延しますよね。

政治活動規制条例は、罰則付きの条例そのものによる直接的な効果というよりも、そもそも政治的な話を職員間でさせないという、間接的な「抑止効果」を発揮した。

以上のように、維新による労組の「適正化」は、労組の活動を弱体化させた。そしてそれは、革新勢力の政治運動を長年支えてきた柱を突き崩す一手であった。以上に挙げた制度改革を通して、保革を問わず、伝統的な諸勢力は維新に十分に対抗できる力を失ったのである。

ここまで、維新による改革の政治を政治戦略という観点から考察してきた。維新政治によって行われてきた数々の改革は、伝統的な保守勢力と革新勢力を支えてきた中間団体の活動を著しく制限し、組織力を低下させ、結果として維新の対抗勢力を弱体化させてきた。私たちはいま一度、維新政治を問い直すべきであろう。それは、一体誰のための改革なのか。

第三章　大阪維新の会と対抗運動の攻防史

はじめに

「大阪市が存続するかどうか、瀬戸際の大接戦です。今からでもまだ間に合います。あなたの声で、あなたの言葉で、周りの方に電話やＬＩＮＥで『反対』票を広げてください」

大阪維新の会が看板政策として掲げた「大阪都構想」＝大阪市廃止・特別区設置を問う住民投票の投票日である二〇二〇年一一月一日午後七時すぎ、大阪市中央区に市民の声が響く。大阪市廃止に対して、賛成や反対を呼びかける活動は、投票が締め切られるまで続いていた。

開票速報が始まり、冒頭の出口調査で反対が賛成よりやや上回っていたものの、開票が進むにつれて賛成が一万票ほどリードし、反対がやや差を縮めてもまたすぐ一万票近い差が広がる。反対運動に関わった多くの人たちが「もうだめか」と思った午後一〇時四〇分頃、ＮＨＫが反対多数確実を報じた。大阪市廃止に二度目のＮＯが突きつけられた瞬間だった。

大阪維新の会は、大阪において「維新一強」、「盤石」などと報道されている。たしかに維新は二〇二三年一月時点で大阪府知事をはじめ府内一九自治体の首長ポストを握っており、府内の地方議員数は約二五〇人と、一大勢力であるのは間違いない。しかし維新は、常に選挙で勝ち続けてきたわけではない。自治体によっては対抗勢力によって敗退させられてきたことも事実である。また、維新が掲げた政策が必ずしもすべて実現してきたわけでもない。

維新が挫折した例としてもっとも知られているのは、住民投票で二度も市民から反対を突きつけられた「都構想」＝大阪市廃止・特別区設置である。「都構想」は、結党以来の維新の政策であり、維新は強引な政治手法を用いながら住民投票に持ち込んだにもかかわらず、結果は反対多数となり頓挫することとなった。

この章は、維新と対抗運動がぶつかり合い、維新が敗北した闘争について触れる。そのためにまず、維新への対抗運動のアクターとして、次の勢力があることを確認しておきたい。

第一は、従来から大阪の行政に対して福祉や住民向け施策の向上を求め、公共サービスの削減に反対してきた労働組合や、住民自治組織として身近な生活環境の改善と住民の助け合いに取り組んできた大阪市地域振興会（自治会、町内会）などである。これらの勢力は前章で明らかにされているように維新による「攻撃」で組織を弱体化されながらも、構成員への世論形成や連携する政党・候補者の支援を行い、維新への対抗運動の〝基礎体力〟として選挙や住民投票で役割を発揮してきた。

第二は、二〇一一年三月一一日に発生した東日本大震災と福島原発事故以降、新たに社会運動に立ち上がった市民である。維新が大阪府議会で過半数を占め、大阪市議会で第一党となった二〇一一年四月の統一地方選は、大震災と原発事故の直後だった。国際的にはこの年、中東で強権的な政権に対して「アラブの春」といわれる市民革命が起こり、九月にはアメリカで「私たちは九九％だ」をスローガンにした「オキュパイウォールストリート」という富裕層や政治家に対する抗議行動が展開されていた。維新の台頭と時期を同じくして、これまで社会運動に参加していなかった人たちが反原発の市民運動に立ち上がっていく。当初、維新との対抗運動に関わりがなかった彼らは、二〇一五年の住民投票を契機に維新への対抗運動に合流することとなる。

この両者の運動と並行して、教育基本条例や職員基本条例、公共サービスの廃止・縮小や民営化、橋下徹大阪市長の日本軍「慰安婦」に関する発言[30]、「都構想」など維新をめぐる課題に対して、社会運動に関わりのなかった住民や保護者、企業家、学者・研究者による発信・運動が展開されてきた。

この章は、第一に大阪市民が大阪市廃止・特別区設置の提案に否決の結果を示した二〇一五年の住民投票について、住民投票に至るまでどのような政治闘争があったのか、人々が反対運

30　二〇一三年五月一三日、橋下氏は大阪市役所でのぶらさがり取材中、戦争で戦う兵士たちの「休息」のために「慰安婦制度は必要なのは誰だってわかる」などと発言した。同氏はまた、沖縄で米軍司令官に「もっと風俗業を活用してほしい」と訴え、「法律の範囲内で認められている」場所を「真正面から」活用してもらわなければ、米軍兵の「性的なエネルギーをきちんとコントロールできない」と話したことも明かした。

動に立ち上がっていった背景と、団体やグループが政党間の共同を実現していった過程を見ていく。

第二に、二〇一三年の堺市長選と二〇一五年の吹田市長選という維新候補を敗退させた二つの選挙について、住民側が選挙の争点をつくったことに着目して取り上げる。候補者陣営ではなく、住民運動側からの選挙への影響を検討することで、市民団体や諸運動が果たした役割に光をあてたい。

第三に、新型コロナウイルス禍で再度行われた二〇二〇年の住民投票について、二〇一五年に比べて反対派が不利な条件にあったにもかかわらず、反対多数の結果となったのはなぜだったのか、二〇二〇年住民投票における反対運動の特徴を考察する。これらを通じて、大阪の政治を転換していく手がかりを探りたい。

二〇一五年住民投票への道程

(1)「大阪都構想」をめぐる攻防

安倍晋三が首相に返り咲いた二〇一二年一二月の衆議院選挙は、日本維新の会にとって初めての国政選挙への挑戦であった。この選挙で維新は「第三極」として扱われ、五四議席を獲得し、第三党に躍り出た。なお、選挙前の八月には、維新の目玉政策である大阪市を廃止し特別区を設置する「都構想」の住民投票を可能とする「大都市地域における特別区の設置に関する法律」（大都市法）が、共産党と社民党を除く与野党の賛成多数ですでに可決成立していた。

衆院選で躍進した維新は、「都構想」を進めるため、二〇一三年二月に公明党の賛成を得て、大阪府知事と大阪市長、府市の議員代表で構成される法定協議会を設置させた。法定協で大阪市を分割してできる特別区の区割り案が示されると、議会野党の公明党、自民党、民主党、共産党はこの案に反対し、二〇一四年一月には法定協の論議は中断されることとなる。これに対し、橋下は大阪市長を辞職して再度市長選に立候補し、再選をもって法定協から「都構想」反対派議員の入れ替えを強行し、維新単独で協定書案を可決した。

だが、議会野党が多数の大阪府・市の両議会において協定書案は否決される。これで「都構想」は潰えたかと思われていたが、二〇一四年一二月一四日投票で行われた衆議院選挙が状況を変えることになる。公明が「都構想」には反対としながら、住民投票の実施には賛成する方針に転じたのだ。本書第一部第一章で、当時大阪府副知事だった小西禎一が松井一郎大阪府知事からの突然の電話で知ったと述べているように、多くの関係者にとって想定していなかった事態であった。

転換の背景には、衆院選の比例代表で維新が大阪府内第一党を獲得したことを受け、維新との関係修復を急ぐ公明の支持母体・創価学会本部の判断があった。維新が翌年四月の統一地方選に合わせて「都構想」の局面打開のためにダブル選を行えば議員選挙で不利になると恐れた学会側は、公明党大阪府本部の幹部らを呼び、方針転換を促したのである。[31]こうして否決されていた「都構想」の協定書案が、再び議題に上がることとなる。

この際、「都構想」反対運動の展開にとって重要なやりとりが行われていた。この方針転換の裏に、憲法改正に維新の協力を得たい菅義偉官房長官など安倍政権からの創価学会への働きかけがあったと報じられたことだ。[32]

安倍政権は、集団的自衛権行使を可能にする安全保障関連法案を検討しており、維新の協力を得たい思惑があった。安倍晋三首相は、翌二〇一五年一月一四日に来阪して関西テレビの番組に出演し、「都構想」について「意義がある」と理解を示すとともに、「維新が憲法改正に積極的に取り組んでいることに敬意を表したい。維新にも賛成してもらえればありがたい」と秋波を送った。橋下は翌日の会見で、「大変ありがたい。うれしくてしようがない」、「憲法改正は絶対に必要だ。安倍首相にしかできない。できることは何でもしたい」[33]と応じ、大阪市廃止の住民投票を改憲国民投票の「予行練習」[34]と位置づけた。

31 二〇一五年二月二五日付『朝日新聞（大阪版）』「公明 VS. 橋下氏　官邸が仲立ち」。
32 二〇一四年一二月三一日付『毎日新聞（大阪版）』「公明『寝返り』再始動　都構想法廷協　維新ペース」。
33 二〇一五年一月一六日付『産経新聞（大阪版）』「憲法改正　橋下氏『首相に協力』　大阪都構想『理解』に感謝」。
34 二〇一五年一月一五日橋下徹市長定例会見での発言。https://www.youtube.com/watch?v=sRUN_9tSSLo（二〇二二年八月二日閲覧）

安倍と橋下による改憲を巡る連携は、従来から大阪市で福祉向上を求めたり、住民自治を担ってきたりした団体・個人だけでなく、東日本大震災と福島原発事故をきっかけとして市民運動に取り組んできた人たちに、大阪市廃止を阻止する強い動機を与えることになる。

（2）大阪における3・11以降の社会運動と住民投票

大阪においては、原発再稼働反対のシングルイシューを掲げた「TwitNoNukes 大阪」という有志グループが二〇一二年三月から関西電力本社前で毎週金曜日の抗議行動に取り組み、「何かしたい」と思った人たちに集まる場をつくっていた。[35] この年は全国各地で大小さまざまな反原発のデモが行われ、六月に行われた首相官邸前の反原発デモには二〇万人、七月に東京で行われた「さようなら原発一〇万人集会」には一七万人が集まり、直接抗議行動が日常的に繰り返されていた。

原発再稼働反対のデモを行った人たち、あるいはこれに参加して社会運動を経験した人たちは、第二次安倍政権発足後、強行された特定秘密保護法や集団的自衛権行使容認の閣議決定に反対する行動に立ち上がっていく。安倍政権打倒を呼びかけるデモは二〇一四年以降展開され、

35　反原発の世論を考慮していたためか、橋下は当初、大阪府市統合本部で大阪府市エネルギー会議をつくることを決め、原発に批判的な知識人らを委員に選んでいた。また橋下自身が会見でたびたび原発を否定するコメントを発していたが、二〇一二年五月の関西経済界との懇談以降は再稼働容認に転じた。

首都圏から大阪や京都に広がっていった。また、同じ時期には大阪市内で在日コリアンを標的にしたり、差別を煽ったりするヘイトスピーチの被害が拡大したことから、ヘイトスピーチに抗議するカウンターが行われていた。

これらの行動に関わった人たちは、橋下や維新に対して批判的な思いがあったとしても、必ずしも大阪市に愛着があったわけではなく、また大阪市廃止の問題点についても最初から理解があった人ばかりというわけではなかった。しかし、大阪市廃止を問う住民投票で賛成多数となることが安倍政権による改憲の動きを勢いづかせてしまうという政治的な文脈によって、反対運動に立ち上がることになる。大阪市廃止というローカルな問題と改憲という国政の問題が結びついたことで、安倍政権による改憲に批判的な大阪以外の人たちからも、反対運動への支援を得られるようになったのだ。

こうした政治状況を背景に、大阪において安倍政権への抗議行動に取り組んできた二〇代から三〇代の市民有志が、二〇一五年二月一日、「民主主義と生活を守る有志」（ＳＡＤＬ）を立ち上げ、大阪市廃止反対の活動に加わることとなる。ＳＡＤＬは大阪市廃止に反対するだけでなく、維新と安倍政権が進める民主主義と生活を壊す諸政策に対抗し、政治そのものの転換をめざすという点で、住民投票における反対派グループのなかで特徴を持っていた。ＳＡＤＬの企画したデモや街宣の現場において、「大阪市だけの問題だったら、大阪市民でも近隣自治体の住民でもないから反対運動に取り組むことにはならなかったと思う」という参加者の声がたびたび聞かれたが、この性格によって団体に属さずデモに参加してきた人たちや改憲を心配する大阪市以外の人たちからの支援の受け皿として機能していくこととなる。

（3）相次ぐ市民団体の立ち上げと政党の共同

大阪市廃止を問う住民投票は大都市法に基づいて行われるもので、公職選挙法を準用するものの通常の選挙とは異なり、制限がほとんどないことに特徴があった。[36] 政党や政治団体でなくても自由に宣伝物を作成・配布したり、拡声器を使ってアナウンスしたりすることができ、告示前や投票日当日の活動も可能であった。ここに、住民や市民グループが自主的に反対運動を展開する前提があったといえる。

一方で、「賛成」か「反対」かが問われる住民投票において、現状を変えたいと思う「賛成」の人たちが積極的に投票に行くのに対し、「反対」の人たちはあまり投票に行かないことが予想された。大都市法には最低投票率の定めがないことから、低投票率であっても「賛成」が一票でも上回れば大阪市が廃止される。これに危機感を持った反対派の市民たちは、二〇一五年二月の住民投票実施議決を目前にして自発的な動きを起こす。先述のＳＡＤＬが結成さ

36　ただし住民投票で投票権があったのは、日本国籍を持つ大阪市民に限られていた。二〇二〇年の住民投票前には、外国籍住民も投票できるように大都市法改正を求める市民グループ「みんじゅう」（みんなで住民投票！）が立ち上がり、国会への請願に取り組んだ。

れたこの時期、大阪の行政を監視してきた市民らでつくる「大阪市がなくなるで！　えらいこっちゃの会」（二月二〇日）、経済人や保守系政治家でつくる「民意の声」（三月一〇日）など、大阪市廃止に反対する諸グループが次々と立ち上がった。

従来から大阪の行政に働きかけを行ってきた労働組合や団体も運動を活性化させた。重要だったのは、連合大阪などが中心となって平松邦夫前大阪市長を支援した「元気ネット大阪」を改編し、二〇一四年一二月二〇日、新たな政治団体「府民のちから２０１５」が立ち上がったことだった。

「府民のちから２０１５」は、「学者・文化人、経済界・労働界、ＮＰＯや社会的企業家のみなさんが賛同呼びかけ人となって、府民・市民のみなさんと自治体首長・議員のみなさんを広く結びつけることをめざす政治団体」[37]と自らを位置づけており、天神橋筋商店連合会会長などを務めた土居年樹を呼びかけ人代表に、「保守系ノンポリ」を自認する弁護士の岩本洋子を幹事長にし、広範な政党・団体・個人の結集をめざしていた。結成式典で来賓として招かれた堺市長の竹山修身が「保守から革新まで広範な連携をもって合意形成を大切にする民主主義を再びよみがえらせる」と呼びかけたように、「府民のちから２０１５」が二〇一五年二月六日に開いた「躍進のつどい」には、自民党大阪府連会長の竹本直一、民主党大阪府連代表代行の辻

37　「府民のちから２０１５　躍進のつどい（2015.2.6）」https://youtu.be/iN9kppKAaU4

元清美、共産党参議院議員の辰巳孝太郎が参加した。同団体は同年四月の統一地方選においても維新に対抗する自民・民主系候補の支援に奔走し、五月の住民投票への反対運動も展開していく。

一方、大阪市内で自治活動や経済活動を担ってきた団体も、相次いで大阪市廃止反対の方針を決定していった。大阪労連や民主商工会などでつくる「明るい民主大阪府政をつくる会」と「大阪市をよくする会」は学習用のパンフレットを発行するとともに、二月一七日からは大阪市廃止の問題点を知らせるチラシを毎週発行・配布し、住民投票告示後は日刊で新たなチラシをつくって攻勢をかけた。地域住民組織である大阪市地域振興会は四月一四日の二四区代表者会合で反対の方針を決め、大阪市商店会総連盟は二四区の連合商店会会長・婦人部長・青年部長による常任理事会で反対の方針を決め、加盟している商店街に反対のポスターを配布した。[38]

これら団体やグループの会合において、自民党から共産党まで大阪市廃止に反対する超党派が一同に会する姿が見られるようになる。特に大阪市政において市政野党であり続けた共産党を含む超党派が形成されたことは極めて珍しく、後に「オール大阪」と称される市民と超党派の連携がこの時期に胎動していた。こうした反対派の団体・グループによる学習会や宣伝が増えるにつれて、賛成がリードしていた世論調査で賛否が拮抗しはじめる。[39]

38 「大阪市住民投票ダイアリー」『市政研究』第一八八号、xi頁、二〇一五年。
39 二〇一五年三月一六日付『毎日新聞』「都構想　賛否は拮抗　43対41%　70%『説明不足』」。

こうしたなかで行われた二〇一五年春の統一地方選挙前半戦である大阪府議選・大阪市議選において、維新はやや後退したものの議会第一党を維持した。投票日の朝日新聞出口調査によれば、大阪市廃止については賛成が四八％、反対四七％と拮抗しつつ、無党派層で反対と回答した人が六割前後に達していた。ただし、住民投票に「必ず行く」とした回答は賛成五七・三％、反対四〇・二％であり、迷っている人や反対の人たちがどこまで投票に行くかが焦点となった。

（4）学者・専門家たちが示した大阪市廃止の問題点

統一地方選後半戦においては、八尾・寝屋川・吹田の市長選が行われ、いずれも大阪維新系が敗れる結果となった。この反維新側の勝利は、住民投票に向けて大阪市廃止に反対する人たちを勢いづかせる結果となった。

同時期、反対派の市民に大阪市廃止の問題を知らせるとともに、メディアを通じて問題点を大きくアピールしたのが、学者や専門家の存在であった。大阪市廃止の問題点については、住民投票以前から地方自治や行政の研究者たちによって指摘されてきたが、そうした研究者たちによる指摘を多くの人に可視化させたのが、京都大学の藤井聡教授（公共政策論）と立命館大学の森裕之教授（地方財政学）が呼びかけ人となってまとめられた、「『大阪都構想の危険性』に関する学者所見」だった。

この学者所見は藤井と森によって住民投票が迫る四月二七日ごろから「学者としての所見の供出のお願い」が呼びかけられ、一週間で一〇〇人を超える学者から所見が寄せられたものである。この所見供出のお願いは、次のような「趣旨」を添付して行われたという。[40]

5月17日に住民投票が行われるいわゆる「大阪都構想」、すなわち「特別区設置協定書」に基づく大阪市の廃止と五分割については、大阪市民の暮らしや都市の在り方に直結する様々な「危険性」が、行政学、政治学、法律学、社会学、地方財政学、都市経済学、都市計画学等、様々な学術領域の研究者から数多く指摘されている。

しかしながら、マスメディアではそうした「危険性」についてはほとんど論じられておらず、イメージ論が先行した議論が繰り返されている。このままでは、大阪市の廃止・分割という不可逆的な決定を迫られる住民投票において、大阪市民が適正な判断を行うことが著しく困難であることが強く危惧される。今求められているのは、危険性、リスクを明

40 その後さらに寄稿が続き、同二〇一五年五月九日時点で寄稿意向者が一三〇名、所見寄稿者が一〇八名となった。サトシフジイドットコム「『大阪都構想』の危険性を明らかにする学者記者会見~インフォームド・コンセントに基づく理性的な住民判断の支援に向けて~」二〇一五年五月九日更新、https://satoshi-fujii.com/informedconsent/

らかにしたインフォームドコンセント[41]なのである。
こうした実情を鑑み、大阪市民が理性的判断を下す支援を行うことを企図して、いわゆる「都構想」が大阪市民の暮らしや大都市大阪そのものに及ぼす「危険性」を様々な視点から明らかにしている学者達から、その具体的内容と共に、そうした危険性が明らかに存在しているということを宣言するものである。

こうして集まった学者たちによる「所見」をもっての「『大阪都構想』の危険性を明らかにする学者記者会見」は五月五日に開かれ、「特別区の財政が悪化すれば教育条件の劣化は火を見るよりも明らか」(小野田正利・大阪大学教授[42])、「大阪市は環境分野の専門技術者を育ててきた。専門家集団を壊してはいけない」(河野仁・兵庫県立大学名誉教授[43])など、研究者たちが自身の専門性に引きつけた意見発表を行い、これまで無関係と思われていた分野にも大阪市

41 十分な情報を得た(伝えられた)上での合意のこと。日本では一般に医療行為に対して使用され、医療行為や治験などの対象者が治療や治験の内容についてよく説明を受け十分理解したうえで、自らの自由意志に基づいて医療従事者と方針において合意する(同意する)ことを指す。
42 「『都構想』は大阪の初等・中等教育の劣化を招く!(小野田正利・大阪大学大学教授)」https://www.youtube.com/watch?v=xurho-Arbno
43 「大阪市が育ててきた環境の専門家集団が解体されてしまう!(河野仁・兵庫県立大学名誉教授)」https://www.youtube.com/watch?v=0VtYRJ_vWMg

廃止の影響が及ぶことを明らかにした。当時のことを森は次のように振り返っている[44]。

> この記者会見は、二〇一五年の「大阪都構想」の否決に少なからぬインパクトを与えたと思われる。賛成派による圧倒的な宣伝活動と印象操作に対して、多くの学者による冷静な見解がメディアを通じて訴えられた。それまでは個々の学者が各立場から「大阪都構想」についての意見を発表してきたが、それでは社会への発信力が非常に限定的なものとならざるを得なかった。ところが、所見をふくめてこれだけの学者が集まれば、大手メディアをはじめとして衆目を集めることは必定であった。

一回目の住民投票前にはさらに、住吉市民病院の存続[45]を求めて地元医師会が反対を呼びかけたり、学生たちが「大学統合を考える大阪市大・府大学生の会」[46]を立ち上げて学内で学習会を行ったりする動きが起こった。また、天王寺動物園・市立美術館・歴史博物館・大阪城天守閣の元館長らによって文化施設の存続を求める立場から大阪市廃止反対のアピールが発表さ

44 森裕之「住民投票と学者・研究者」『市政研究』二一〇号、三四頁、二〇二一年。
45 本書第一部対談中、一六三頁の注66を参照。
46 二〇一一年一二月二七日に開催された第一回大阪府市統合本部会議のなかで、二重行政の解消に向けた経営形態の見直し検討項目に「大学」が示され、大阪府立大学と大阪市立大学の本格的な統合検討が始まった。二〇二二年四月、大阪公立大学として開学、二〇二五年度内に大阪市内に新キャンパスが開設予定。

れるなど、大阪市が政令市の財源や権限を使って創設・維持してきた財産にスポットがあたるようになった。

これらアピールや活動によって、大阪市が多方面に果たしてきた役割とともに、「二重行政のムダ」の対象とされた病院や大学などの施設や施策の必要性が市民に認知され、大阪市廃止の影響をイメージしやすくしたといえる。市民の関心の高まりと相まって、アピールに関わった研究者たちが学習会の講師を務めたり、街頭宣伝で市民の疑問に応えたりする場面も見られるようになっていった。

(5) 超党派「オール大阪」の形成と反対多数

住民投票に向けて、橋下は大阪市長として市作成のパンフレットを一七〇万部配布するとともに、三九回開催された住民説明会すべてで市長として発言するなど、行政を最大限利用する形で賛成を広げようとした。これに対して反対派の団体・グループは、「よくわからない」という層との対話を大切にし、街頭での質疑応答を含む宣伝に取り組み、「賛成多数になっても『都』にはならないって知っていますか」、「大阪市を一度廃止してしまったら失敗しても元に戻す法律はありません」などのアナウンスを頻繁に行って対抗した。

反対派が結束するうえで、立場が異なる自民・公明・共産・民主の四会派が認識を一致させることが重要だった。これは、各世帯に配布される投票公報において大阪市会四会派が統一した紙面をつくり、「大阪市をなくさないと解消できないような二重行政はありません」、「りんくうゲートタワーとＷＴＣは、バブル期の政策の失敗です。……府と市が競ったわけではありません」、「変えるべきものは『制度』ではなく『政策』です」といった主張を一律に展開したことに現れた。こうした動きは「オール大阪」の形成につながるとともに、維新からの「野合」[47]との批判が通じにくい土台となった。

この「オール大阪」が可視化した場として、「大阪市をなくすな！　5・10市民大集会」がある。この集会には五〇〇〇人が集まり、そこには大阪市商店会総連盟、大阪市地域振興会、日本商工連盟大阪地区、府薬剤師会、大阪タクシー協会、住之江区や平野区の医師会など四〇の団体が含まれ、政党としても自民、共産、民主が加わっていた。同日の午後には、市内二か所で異例の「自民・共産合同街宣」が実施され、民主党国会議員もこの街宣に加わり、維新に対抗しての共闘が目に見える形で登場した。

こうした合同街宣をはじめとする超党派の動きに対し菅義偉官房長官は、「個人的にはまったく理解できない」[48]と批判するコメントを発し、協力を求めてきた維新議員に「できる限りの

47　共通するものもないばらばらの集団がまとまりなく集まること。選挙において理念なく政党同士が共闘を表明することを批判する形で使われる。

48　二〇一五年五月一一日付『産経新聞』「菅長官「まったく理解できない」　都構想反対で民主党、共産党と共闘の自民大阪府連を批判　谷垣氏は「大きなシンパシー」と黙認」。
https://www.sankei.com/article/20150511-RRQ7RMPNIRK77F5EADUGLVCVLE/

住民投票で賛成を呼びかける橋下市長（福田撮影）。

ことはする」[49]と語ったとして報じられた。このことは一部の超党派の動きに水を差した一方で、橋下・維新と安倍首相官邸が一体であることをより市民に印象づけた。

こうしたなか、五月一一日に報じられた最終盤の世論調査で変化が起こる。それまで「賛成」の理由としてトップだった「二重行政が解消されるから」が四五・一％から二七・七％に激減し、「思い切った改革が必要だから」が二七・五％から四一％に増えてトップになったのだ。[50]また、二〇代の女性で賛成が連続して低下し、半数以下にまで落ち込んでいることも報じられた。[51]これは、「二重行政のムダ」とされているもののなかに住民にとって重要なものが含まれていることを反対派が宣伝してきたことが一定の効果を表したとも考えられるが、一方で「政治を変えてほしい」という願いが根強く「賛成」につながっていることを示していた。

49 二〇一五年五月一三日付『読売新聞』「大阪都構想　官邸と自民　認識に差」。
50 二〇一五年五月一一日付『産経新聞』「都構想 反対47％賛成39％　大阪市民世論調査　差は縮まる」。
51 二〇一五年五月一一日付『産経新聞』「20代女性『賛成』連続低下　都構想世論調査　自民層で『反対』減」。

この世論調査の結果を受けて、維新は全国から所属国会議員や秘書を動員するとともに、大規模に資金を使ってのテレビCMや音声テープによる電話作戦を展開した。また、支持が弱い女性や子育て世代向けのチラシを発行して追い上げを狙った。

一方反対を訴える側には、自作のチラシをつくってコンビニでコピーしたものを配る学生や、地域振興会の役員個人による近所の人への呼びかけなど、それまで具体的な活動に足を踏み出してこなかった人たちが、立ち上がる姿が見られるようになる。反対派のなかでも、世論調査を意識した「反対が多数になっても現状維持ではなく、そこから新しい大阪の街づくりについて議論が始まる」という趣旨のスピーチが展開された。

賛成、反対を呼びかける活動は、住民投票当日の二〇一五年五月一七日、投票が締め切られるまでそれぞれ展開された。結果、反対七〇万五五八五票（得票率五〇・四％）、賛成六九万四八四四票（四九・六％）と、一万七四一票差で反対が賛成を上回り、大阪市の存続が決まった。

（6）安保法案反対運動への影響

学生でつくる「自由と民主主義のための関西学生緊急行動」（SEALDs KANSAI）が安保法案に抗議する初の街頭宣伝を大阪・梅田で行ったのは住民投票の最中であった。全国的に安倍政権による安全保障関連法案への反対行動がはじまりつつあったこの時期、住民投票における反対多数の結果は、こうした全国的な運動にも大きな影響を与えた。

たとえば、京都市内で六月七日に行われた「安倍政権の安保法制に反対する緊急行動」では、市民グループ「Non Stop Kyoto」のメンバーが次のように訴えた。

「負けるのではないかと思っていた大阪住民投票で反対派が勝ったのは、市民がひたすらデモや署名、ビラ配りと対話を草の根でやり続けた結果です。安保法案をめぐるたたかいも、全力でやれば絶対に勝てる」。

住民投票中に行われた「都構想」反対を呼びかけるサウンドデモの様子（提供：福田）。

あるいは東京で同年六月一四日に行われた集会では、大阪からの参加者が「改憲国民投票の予行練習は止めることができた。今度は戦争法案を阻止しよう」と訴えた。このように、住民投票の結果は安倍政権と維新の連携を阻止したという政治的な意味合いをもち、安保法案反対の運動を勢いづかせることになったのである。

また、安保法案反対運動には、住民投票中に行われた宣伝や超党派連携の手法が活かされた。第一はサウンドデモである。サウンドデモとは、トラックの荷台などに音響機材を乗せて組み立てたサウンドカーにコーラーが乗り込み、音楽とともにシュプレヒコールをあげるデモのことをいう。大阪府警はサウンドカーの荷台で人が立ち上がることを長く認めてこなかったが、住民投票の際、弁護士を含めた市民が警察と交渉を重ね、実現につながった。こうした交渉の経験も、安保法案に反対する大阪での大規模デモに活かされることとなった。

第二は、路上で横断幕などを掲げ、人を集めてスピーチを訴える街頭宣伝行動である。市民や政治家、学者が自分の言葉で反対する理由を語る宣伝スタイルも住民投票での反対運動から定着していった。

第三に、さまざまな分野の学者・研究者の存在が運動を支えたことである。安保法案反対の取り組みにおいても「安全保障関連法案に反対する学者の会」が立ち上がり、街頭宣伝で学者がスピーチするなど運動を支えることになる。

こうして住民投票を経て安保法案反対運動で形成された市民の動きは、安保法案成立後に「野党共闘」を求める声となり、翌年七月の参議院選挙で具現化されていくこととなる。

首長選における維新との抗争

(1) 二〇一三年堺市長選と二〇一五年吹田市長選に見る対維新のたたかい

橋下徹が二〇〇八年に大阪府知事になってから最初に応援した首長候補が、二〇〇九年の堺市長選に無所属で立候補した竹山修身である。竹山は、橋下府政で商工労働部長、政策企画部長を務めた大阪府幹部だったが、堺が政令指定都市になって初めてのこの市長選で当選した。自民党・民主党・公明党・社民党が推し、三期目を目指した現職が有利だと考えられていたが、直前の衆院選で民主党への政権交代が起こったことと、橋下の応援を追い風に、竹山は初当選を果たすこととなった。この堺市長選は「橋下神話」[52]のはじまりと言われ、四党相乗りの現職を相手に竹山を当選させたことで自信を深めた橋下は、親しい議員らとともに大阪維新の会を立ち上げ、大阪市議会補欠選挙で連勝を重ねた。

維新が政党として初めて首長選挙で公認候補を立てて当選させたのが、二〇一一年四月の吹田市長選に大阪維新の会から立候補した井上哲也である。同年の統一地方選で大阪府・大阪市・堺市の議員選挙に候補を立て、府会で過半数、大阪市と堺市で第一党となった維新であったが、一般市の議員選挙には候補を擁立せず、唯一候補を立てたのが吹田市長選であった。この二人の首長誕生をめぐっては、その後、維新にとって思いがけない敗北をもたらすことになる。

堺市をめぐっては、政令市として発展を目指す竹山と「都構想」への堺市の編入を企図する維新とが対立、二〇一三年の堺市長選で激突し、竹山が勝利する。また吹田市については、維

52 朝日新聞大阪社会部『ルポ橋下徹』朝日新聞出版、一二〇頁、二〇一五年。

新政治に対する住民の反対運動が二〇一五年の吹田市長選の争点をつくりあげ、維新市政に終止符を打つこととなった。これら二〇一三年の堺市長選と二〇一五年の吹田市長選について、維新に対抗した人々はどのように動いていったのか、関係者からの聞き取りや当時の発行物などから見ていきたい。

（2）政令指定都市の権限・財源を活かした堺市政

維新が掲げた「都構想」の計画には大阪市と堺市を廃止して特別区にすることが含まれていたが、堺市長の竹山は、この「都構想」への参加を拒んでいた。[53] このため、竹山が再選を目指すこととなる二〇一三年九月の堺市長選において、維新は対立候補を擁立するだろうということは、早くから考えられていた。

堺市は二〇〇六年に政令指定都市となり、竹山市政においては国民健康保険料の毎年引き下げや、六五歳以上の市民が公共交通を気軽に使える「おでかけ応援バス」制度の改善、子ども医療費助成の中学校卒業までの拡大が実現するなど、政令市の役割が伝わりやすい土壌があった。また、竹山が現職として多様な団体や個人から要請を受ける立場にあり、それぞれの要望

53　竹山は二〇〇九年時点では橋下徹の全面支援を受けて立候補しているが、当時の橋下知事は「大阪維新プログラム」など府の発展的解消と基礎自治体優先の徹底を掲げていた。その後、大阪維新の会を結党した橋下氏が堺市などの解体を掲げる「都構想」を表明した際、竹山は堺市の廃止に反対し、橋下は絶縁を宣言した。

に対して一定の実現を図っていたことも二〇一三年の選挙における支援を得やすくしたといえる。

政令指定都市になる前の堺市に大阪市から引っ越してきたある市民（40代男性）は、次のように語っている。

就職とともに二〇年前ぐらいに堺市に住むようになりました。政令指定都市になって施策が年々よくなっていった実感があります。一番上の子が生まれた時、堺市は子どもの医療費が二歳まで五〇〇円でしたが、まず小学校就学前までになり、次に中学生まで、最終的には一八歳まで五〇〇円でかかれるようになりました。[54]

（3）市民側が堺市の廃止・分割を争点に

二〇一三年九月の堺市長選に向けて堺の自治を守ろうと同年五月に立ち上げられたのが、「『堺はひとつ』市民の会」であった。

この会は、「別に竹山市長を直接応援するわけではないが」、「堺を守ってくれる人であれば、竹山市長でなくてもいいのだが」[55]という前置きをしたうえで準備されたもので、堺市の廃止と

54 筆者による聞き取り。
55 竹山修身『訣別』一七四頁、角川書店、二〇一四年。

分割に反対する立場からアピールすることを目的としていた。こうした会の性格から、多数の自治会長をはじめ、元Jリーグチェアマンの川淵三郎や作詞家のもず昌平など堺に関わりのある著名人が発起人となり、会長には当時の堺市自治連合協議会会長が就くこととなった。

同会が取り組んだのが、「都構想」による堺市廃止に反対する署名だった。候補への支持を呼びかけることに抵抗がある人でも、堺市の廃止・分割に反対する署名であればハードルが低くなる。署名は各種団体や地域、街頭に向けて呼びかけられ、七月後半ごろから一か月半で約五万人分が集まり、市長選に向けて堺市の廃止・分割の是非を争点化することとなった。

市民同士のつながりや共同を広げる上でもう一つ大事だったのが、福祉関係団体や堺市職員労働組合（大阪自治労連加盟）などによる活動で、これは二〇一二年につくられた「『大阪都構想』から堺市を守る自由と自治・堺の会」（自由と自治・堺の会）がその中心を担った。同会は会の立ち上げ前である二〇一一年九月からフォーラム「堺市の未来と大阪都構想」を継続的に開催し、NPO堺国際交流協会理事長や元堺市自治連合協議会会長、元堺市副市長、元自民党堺市議会議員、校区連合自治会長、エコノミスト、社会福祉法人理事長、講談師、歴史研究家など堺に関わる多彩な人たちを招いて、堺市廃止・分割の問題を共有するだけでなく、今後の街づくりについて話し合いを行っていた[56]。「自由と自治・堺の会」は、堺市の全区で「〇

56 「『大阪都構想』から堺市を守る自由と自治・堺の会」http://sakaiwahitotsu.blog.fc2.com/

○区と大阪都構想」と題してフォーラムを開き、二〇一二年六月からは自治都市・堺の発展を願う「『堺はひとつ』市民アピール」を集めるとともに政策提言「堺市ビジョン２０１３」をつくり、リーフレット配布や街頭でのアンケート活動にも取り組んでいた。[57]

竹山の選挙でスローガンとなる「堺はひとつ」というキーワードは、こうして市民へと浸透していったのである。

（4）「堺はひとつ」が展開された選挙

維新は、八月に堺市議の西林克敏を市長候補に擁立することとし、維新所属の国会議員に、最低三回は堺に行くこととスタッフ二人の派遣を求め、議員やスタッフが一日平均四〇人から五〇人ほど堺に支援に入っていると報じられた。[58] また、大型ビジョンカーが堺市内を走りまわって橋下の演説動画を上映するなど、宣伝物では橋下が常に前面に登場していた。

維新の〝物量〟作戦に対して、竹山は「政令市としての堺市が持つ財源、権限のかなりの部分を都に返上することになり、住民サービスのレベルが下がる」[59]と主張して、「都構想」に反

57　丹野優「『堺はひとつ！』歴史をつくる大きな共同を―自由と自治・堺の会の取組みから―」大阪自治体問題研究所『おおさかの住民と自治』四一二号、二〇一三年三月。
58　二〇一三年九月一四日付『朝日新聞』「橋下神話、背水の総力戦　都構想占う堺市長選、あす告示」。
59　二〇一三年九月三〇日付『読売新聞』「大阪維新　初の敗北　『都構想反対』堺市長再選」。

対する自民党の支持、民主党の推薦、共産党と社民党の自主的支援を得て対抗した。

公職選挙法は告示後の宣伝物において候補者名や写真などが掲載されることを一部規制するが、堺市の廃止・分割に反対を呼びかけることについては選挙に直接に関わりがないため、反対を訴える著名人のポスターや「堺はひとつ」、「堺を無くすな」という言葉を使った市民団体のチラシや政治活動に制限はなかった。竹山の支援者はこれらを活用し、選挙前から市民運動のなかで共有されてきた「堺はひとつ」を活かした政治宣伝を展開した。

選挙最終日の九月二八日に堺東駅前で行われた竹山の最終演説には、自民党と民主党の国会議員、連合大阪、共産党や全労連加盟の労組・団体でつくる市民団体、文化人などが集まり、超党派の結束を演出した。

結果、竹山は一九万八四三一票を獲得して、維新候補を敗退させた。大阪府内で維新が敗退したのは初めてのことであり、橋下は「都構想」への堺の参加を断念せざるをえなくなったのである。

(5) 全国で初めて維新市政を経験した基礎自治体

二〇一五年四月の統一地方選後半戦で特に注目されたのが、大阪市と隣接市であり、「維新市長が誕生して四年。市民は『維新流』改革にどんな審判を下すのか」[60]などとメディアでも報じられた吹田市長選だった。

吹田市は二〇一一年四月、大阪維新の会総務会長だった井上哲也が維新公認で市長に当選したことで、全国で初めて誕生した維新自治体だった。井上は「行政の維新プロジェクト」として、市が独自に実施してきた一〇〇の住民サービスについて縮小・廃止しようとした。これらへの対抗運動としてとりあげたいのが、五つの公立保育所の民営化と、障害者福祉施策の縮小・廃止をめぐる運動についてである。

吹田市の財政は、客観的に見て健全であった。[61]しかし井上は市長就任直後に橋下府政をまねて「財政非常事態宣言」を発し、外部アドバイザーを入れて吹田市が独自に実施している施策の事業見直しを行うとした。このなかで、保育分野は市立保育園一八園のうち五園の民営化、障害者分野は福祉バス貸与事業、福祉年金支給事業などの縮小や廃止が打ち出された。

（6）保育所民営化に対する親たちの運動

公立保育所民営化にまず不安を感じたのは、直接影響を受ける保護者と保育士だった。吹田

60　二〇一五年四月二三日付『毎日新聞』「注目選ルポ　吹田市長選　4氏激突『維新流』改革に審判」。
61　吹田自治都市研究所・吹田市労働組合連合会『吹田版「維新プロジェクト」の根本的批判』かんきょうムーブ、二〇一一年。

市立保育園には各園に保護者の親睦を深める保護者会があり、その会合などで「民営化されたらどうしよう」という声が出されるようになった。[62]コストや職員の削減を目的とした民営化が「安上がりの保育」をつくりだし、保育の水準が下がることや保護者の信頼を集める公立の保育士らが異動させられることが容易に想像できたからだ。

保護者会は井上の市長就任以前から保育の条件整備を求める署名活動や吹田市との交渉を行っていたが、民営化に対しては「お世話になっている先生たちがいなくなってしまう」として、これまで活動に参加していなかった保護者も立ち上がったという。[63]これら保護者の思いを、公立保育園の職員でつくる労働組合や、保護者と保育士でつくる吹田保育運動連絡会（吹保連）など運動のノウハウを蓄積してきた団体が支え、連携して活動したことで、当事者以外にも問題を知らせることにつながった。[64]また各園において、保護者と保育士に加えて卒園児保護者や退職保育士、地域住民による「○○保育園を守る会」が立ち上がり、井上宛に一言を添えた署名などが取り組まれていった。

民営化される園が二〇一三年九月に発表されると、対象とされた五園の保護者会長が呼びか

62 吹田自治都市研究所『維新市政の保育所民営化に終止符』かんきょうムーブ、二〇一四年。
63 当時の保護者、保育士より聞き取り、二〇二二年八月九日。
64 ただし、これらの団体にとっても民営化に対して運動を組み立てるのは初めての経験であり、保護者と話し合いながら活動を進めたという。

けて、半年で四万七四八一人分の署名が集められた。地域によっては自治会による署名簿回覧や地元議員への要請も展開され、「地域の保育園がなくなりそうなのに、なぜ署名の要請に来ないのか」と住民側から署名を集めに来るよう求められた反応もあったという。

（7）共同の土台の上に展開された障害者福祉施策への運動

障害者分野の運動は、全国的にも吹田においても理念や考え方の違いで分裂してきた歴史があるが、障害者への応益負担を導入する障害者自立支援法が二〇〇五年に提案されたことをきっかけに、「オールジャパン」の反対運動が広がっていた。[65] 吹田においても、立場の違いを超えて障害者団体や事業所、精神科クリニックの一部が「障害者自立支援法を考える吹田集会」を共同で開催し、二〇〇六年四月、「障害者自立支援法の廃止」と「吹田市の障害者施策の充実」を目的として五〇を超す団体による「オール吹田」の連合運動体、「吹田の障害者福祉と医療を進める会」を結成していた。[66] 二〇〇六年には国連で障害者権利条約が採択されたため、関連する国内法や制度の見直しと、日本での批准を求める運動が全国的に展開されていた。

65 「障害者自立『支援』法の廃止を 転機となったのは国民的な大運動」すいた市民しんぶん刊行委員会『すいた市民しんぶん vol.17』二〇一〇年四月、四–七頁。
66 当時の運動関係者への聞き取り、二〇二二年一一月二五日。

こうした共同行動の土台があったなかで、維新市政の事業見直しは障害者権利条約がめざす障害者福祉施策の充実と大きく逆行していると関係者に受け止められた。この事業見直し会議は、直接事業と関わる障害当事者や家族の暮らしの実態に触れられないまま、それぞれわずか一時間足らずで議論されていた。[67] こうして、維新市政による障害者福祉施策縮小に反対する運動は、障害者権利条約の批准を求める運動と連動していく。

「オール吹田」の障害者運動は、行政に対しては施策の縮小・廃止の中止を求め、吹田市議会に対しては政府に対して権利条約の批准を求める意見書を提出するよう求めた。彼ら彼女らは毎週一回昼休みに吹田市役所前宣伝を行い、商店街のパレードやメディアへの働きかけ、事業見直し会議への傍聴行動も行った。

（8）市長選挙での維新敗退

これらの反対運動を受けて、障害者福祉施策については廃止提案されていたものの多くが縮小にとどまり、公立保育所民営化についても二〇一四年三月の議会において民営化案の取り下

67　吹田自治都市研究所・吹田市労働組合連合会『吹田版「維新プロジェクト」の根本的批判』かんきょうムーブ、二〇一一年、六八頁。

げが表明された。また、井上自身が「政治とカネ」に関わる問題[68]で問責決議を二度可決され、議会との関係がうまくいかなくなるなかで維新市政は終わるかに思われた。ところが井上は、任期が迫る二〇一五年三月、保育所民営化計画を保護者への説明もなく再提案し、可決を強行した。市長選が翌月に行われることから、井上が続投する場合には今後も住民サービスの低下が提案されるのではないかと予想された。

同年四月二六日に行われる吹田市長選には、早くから前市長の阪口善雄が再出馬に意欲を示していた。だが阪口も、現職時代に大規模な事業見直しを提案していた。保育についても二〇一一年三月の公開質問状において公立保育所民営化を「進めるべき」[69]と回答しており、市政転換の受け皿にはならないと見られていた。

これら現・前市長に対して、自民党は「対話と傾聴」、「民主的で清潔な市政」を掲げる元吹田市職員の後藤圭二を推薦した。後藤は公立保育所民営化について「白紙に戻して再検討」[70]すると約束し、「行政の維新プロジェクトは一旦白紙に戻す」[71]として、市議会最大会派だった共

68　井上の後援企業に国の基金を使って太陽光パネル設置工事が単独随意契約で発注されていた問題など（二〇一二年一〇月三一日）。
69　「子ども子育て新システム」に反対する吹田市民連絡会「公開質問状への回答ありがとうございました」（二〇一一年三月二八日）。
70　吹田保育運動連絡会の公開質問状への回答（二〇一五年三月）。
71　塩見みゆき議員（日本共産党）の質問（吹田市議会議事録、二〇一九年三月一日）。

保育所の保護者らから話を聞く後藤圭二氏（福田撮影）。

産党を含む団体から自主的支援を受けることが発表されたことで、受け皿として浮上することとなった。

保育分野においても障害者分野においても当事者たちが市長選挙の支援運動に直接参加することはほとんどなかったが、どちらも各候補者への公開質問状に取り組んだことは重要だった。公開質問状への回答が配布されたことで、各候補の施策への態度が投票の基準となったのだ。

当時吹田市立保育園に子どもを通わせていた保護者は次のように振り返っている。[72]

「先生がいなくなる」と我が子のためにがんばったから民営化案が取り下げられた時はみんな喜んでいましたね。「撤回はされたけど、消えたわけじゃない」という話は聞いていて、市長を選ぶのに民営化の有無が作用していた気はします。園を残したいと思っていた保護者が今までになく選挙を気にしている様子でした。

72　筆者による聞き取り、二〇二二年一〇月。

だけど、「後藤さんに入れよう」という話が保護者同士であったわけではありません。個人が公開質問状の回答などで判断している感じでした。「後藤さんが市長になったら民営化が消える」と安心はしていなかったけど、「もう一回、維新を選んだらあかんなぁ」と一縷の望みをかけて選挙に行った人が多かったと思います。

結果は、後藤が四万三三六八票を得て初当選し、井上は三万六〇九二票で三位に沈んだ。この選挙は、新人が維新系現職に勝利した唯一の経験となっている。

(9)住民の運動が二つの選挙に与えたもの

二〇一三年堺市長選と二〇一五年吹田市長選において、どのような住民の運動があったのかを見てきた。堺と吹田で条件は異なるものの、いずれも市民側が運動を展開したことで、「都構想」が堺市廃止・分割であることや「行政の維新プロジェクト」が何を削減しようとしているのか、改革のイメージではなく施策の中身について、その問題が地域に共有され、選挙の争点として浮上することとなった。

また、選挙中も使えるポスターやチラシ、公開質問状などは、運動が市民と政治との接点をつくり出し、運動が選挙における候補者選択の基準をつくることとなった。また、市民によるさまざまな行動が自発的に起こったことで、維新による「野合」批判は通じなくなり、逆に

「維新対市民」という構図を提示することにつながったといえる。

コロナ禍で行われた二度目の住民投票

(1) 二度目の住民投票へ

二〇一五年の住民投票における「都構想」=大阪市廃止の否決を受けて橋下は政界引退を決めたものの、維新は同年一一月の大阪府知事・大阪市長のダブル選において「都構想」の再挑戦と副首都・大阪を掲げ、対立候補を破って松井一郎が知事に、吉村洋文が大阪市長にそれぞれ当選した。これによって一度は廃止されていた法定協議会が再設置され、「都構想」議論が再燃し、維新は二〇二〇年一一月一日の二度目の住民投票へと突き進んでいく。

大手メディアは二〇二〇年の住民投票を「維新・公明 vs. 自民・共産」と政党対決のように報じたが、各党の力関係を見れば反対派に勝ち目はなかった。この項では、二度目の住民投票で反対派にとって不利な条件が重なるなか、無数の人たちがどのように立ち上がり、大阪市存続の活動を展開していったのかを追っていきたい。

(2) 二〇一九年大阪ダブル選での形勢変化

維新は二〇一五年のダブル選における勝利によって大阪府知事・大阪市長のポストを維持し

たものの、大阪府議会・大阪市議会で過半数を得ることはできなかった。このため維新は水面下で公明と二度目の住民投票実施の「密約」を結んだが、公明がこれを反故にしたため、「都構想」はまたも頓挫することとなる。

維新はこうした事態打開のため、二〇一九年四月の統一地方選に合わせて松井一郎大阪府知事が辞職して大阪市長に、吉村洋文大阪市長が辞職して大阪府知事にそれぞれ立候補する「クロス選」を仕掛けた。現職首長が辞職して同じポストに当選した場合、残りの任期は変わらないが、立場を入れ替えて立候補し当選すれば新たに四年間の任期を得ることができる。メディアがこの手法を「脱法的」と批判するなか、元大阪府副知事の小西禎一が大阪府知事に、元大阪市議の柳本顕が大阪市長に、それぞれ「『都構想』に終止符を打つ」ことを訴えて立候補を表明した。

小西と柳本は、自民党と公明党大阪府本部、連合大阪の推薦、立憲民主党と共産党の自主的支援を受けた。維新と対決する多くの選挙で「自主投票[73]」の立場を取ってきた公明党を含んだ形で候補者が決まったことは、維新に対してもっとも広い共同が組まれたといえる。両候補は「成長を分かち合える大阪」（小西）、「世界とつながる経済新首都」（柳本）を掲げ、維新が進めたインバウンドに重きを置く経済政策ではなく、大阪の中小企業やものづくりに目を向け

73 政党や団体などが公認・推薦・支援する候補者を特に定めず、構成員が自主的に判断して投票すること。

た政策を主張した。

しかし、準備を整えて選挙に臨んだ維新に対して、維新に対抗する陣営は告示直前に候補が決まる状況で、組織面でも政策面でも準備不足が著しかった。維新は「大阪の成長を止めるな」というスローガンを掲げ、「都構想」の再挑戦と前年に誘致が決定した二〇二五年の大阪・関西万博成功を呼びかけて支持を広げた。さらに維新は、議員選挙で競合する自民党から共産党までが知事選・市長選で同じ候補を支援するのは、「野合」だとする批判を展開した。この「野合」批判は特に自民党支持層に動揺を与え基盤を切り崩されるとともに、各党も支援に力が入らず、敗北することとなった。

結果、維新は同時に行われた大阪府議選で過半数を獲得し、大阪市議会と堺市議会でも議席を増やすこととなった。維新に対抗した自民党は大阪府議団と大阪市議団の幹事長が落選し、公明党は大阪市議選で一人が落選、立憲民主党は大阪府議選で一議席を得たものの大阪市議選はゼロ、共産党は両議会とも議席を後退させた。選挙結果への反維新側の打撃は大きく、公明党は維新との関係修復をめざし、「都構想」賛成の立場に転じ、二度目の住民投票が確実となっていった。

(3) 反対派に不利な条件と市民の立ち上がり

二度目の住民投票は、「都構想」に反対する人たちにとっては前回の住民投票と比べて不利と考えられる条件があった。

第一は、維新の代表代行を務める吉村洋文大阪府知事のメディア露出が急増したことである。きっかけは二〇二〇年に感染が広がった新型コロナウイルスだった。コロナ禍で保健所や病院の逼迫、学校の一斉休校、営業や行事の自粛が相次ぎ、先行きが不透明ななかで関西のメディアを中心に吉村は連日テレビに出演するようになる。[74] 吉村の人気は、大阪の繁華街や土産物店で吉村の顔をプリントしたTシャツが販売されるようになるほどだった。テレビでの吉村の言動は真偽が検証される間もなく次々とニュースになって全国に波及し、六月の毎日新聞全国世論調査において維新の支持率は一一%と、自民党に次ぐ支持を集めるようになっていった。

第二に、政党構図の劣勢である。公明党だけでなく自民党大阪府議団も、二〇二〇年六月に「都構想」賛成の立場を示し、法定協議会で賛成の態度を取った。一方反対派は、統一のロゴや投票公報をつくって共同街宣などを行った一回目の住民投票に比べて、二〇二〇年の住民投票では反対する会派が自民党と共産党だけとなり、政党間の連携はうまくいかなくなっていた。

第三に、松井市長によって、大阪市廃止と特別区設置を大阪市が自治体として実現をめざす施策とされたことである。市主催の住民説明会や全戸に配布された説明パンフレット、各区の広報物など行政の手段を通じて、市民に「都構想」賛成が呼びかけられた。維新が作成したチ

74　吉村のテレビ出演は、二〇二〇年から二〇二一年一〇月までで一六〇本にのぼった（二〇二一年一一月二日付『読売新聞』「維新躍進21衆院選　反自民　保守層の受け皿」）。

ラシにおいて、大阪市廃止についての問い合わせ先として市役所内にある副首都推進局の電話番号が掲載されたこともあった。

第四は、反対派各組織の組織力の低下である。大阪府議会・大阪市議会の自民党は二〇一五年より議席を減少させており、労働組合についても、連合大阪や大阪労連がそれぞれ政治団体に協力・加盟して反対運動を展開したが、維新が進めた公共サービスの民営化や組合活動規制の影響を強く受けた地方公務員や学校教職員の労組は五年前と比べて組合員数を合計で一七・八％減少させていた。[75]

反対派にとっては対抗する条件が整わないなか、ＡＢＣテレビとＪＸ通信社が実施した二〇二〇年九月一九日・二〇日の世論調査において、「都構想」への賛成は四九・一％、反対は三五・三％と、賛成が大きくリードすることとなった。[76]

このように大阪市廃止反対派の劣勢は明らかであったものの、一一月一日の住民投票実施が確実になると、市民のなかから多種多様なグループが立ち上がりはじめる。

いち早く立ち上がったのは、「都構想にもう一度ＮＯ！」というキャッチフレーズを掲げた、

75 大阪府商工労働部雇用推進室労働環境課「労働組合基礎調査」より、二〇一五年と二〇二〇年を比較。学校教職員には私学を含んでいるが、大半は公立学校である。
76 ＡＢＣ朝日放送・ＪＸ通信社「大阪都構想住民投票 世論調査データ＆解説ポータル」https://www.asahi.co.jp/abc-jx-tokoso/

「大阪・市民交流会」である。同会は平松邦夫元大阪市長と、浪速産業株式会社代表取締役社長で「大阪を知り・考える市民の会」の世話人でもある中野雅司を共同代表として二月末に立ち上げられ、大阪市廃止に反対する人たちの情報共有や活動の場となった。例えば、この「大阪・市民交流会」に参加したグループ「みおつくし二四区市民連絡会」は、住民投票についての座談会を大阪市内で開き、「どないする大阪の未来ネット」は街頭宣伝活動を担うなど、「大阪・市民交流会」をハブとして参加するグループや個人の動きが共有され、発信された。

特に重要だったのは、「大阪・市民交流会」が、大阪市中央区谷町にある事務所を市民に向けて開いていたことである。このため、住民投票に向けて自発的に行動したい人たちは、夏ごろから同事務所へチラシを取りに来てはポスティングする場所を地図に記して、お互いにどこに配布したのか、どこが配布できていないのかを共有しながら徐々に活動を広げていった。

(4) 運動の担い手はどう変わったのか

「都構想」反対を呼びかける市民運動の担い手は、二〇一五年の住民投票から五年を経てどのように変化していたのだろうか。この二回目の住民投票において大阪市廃止に反対を呼びかけたキャンペーン「残そう、大阪」で活動した人たちについて特徴を見ていきたい[77]。

77 残そう、大阪『残そう、大阪のJIN 2020年大阪市廃止を阻止した市民の記録集』二〇二一年。

「残そう、大阪」のフライヤー配布宣伝の様子（福田撮影）。

「残そう、大阪」は、前回の住民投票で運動を展開し、長く活動を休止していたSADLを引き継ぎ、新しいメンバーを中心に二〇二〇年八月七日に立ち上げられた。二〇一五年から五年が経ち、安倍政権への抗議行動に取り組んできた二〇代から三〇代の市民有志グループとして立ち上げられたSADLで運動を担った多くの人たちが、就職や子育て、転居、新型コロナウイルスによる仕事への打撃などで生活が大きく変わっていた。

こうした「穴」を埋めた新たな担い手は、前回の住民投票以降、安全保障関連法に反対する活動や国政・地方選挙での選挙ボランティアなどを経験した人たちだった。選挙や政治キャンペーンへの自発的参加のハードルが下がっていたことと、街頭宣伝を担う側に活動のノウハウが共有されていたことが活動の推進につながった。

「残そう、大阪」で活動の中心を担った会社員の石川愛（三〇代）は、一回目の住民投票の際、維新を支持する当時の交際相手と熱心な反対派の両親との関係に悩み、賛否を主張する団体とは距離を置いていたという。しかし二〇一八年から国会中継を街頭で上映する「国会パブリックビューイング」などの自発的な活動に携わるうちに、二度目の住民投票に際して、「雰囲気で何となく決まってほしくない」と強く思うようになった。「他の人たちがみんな忙しいことは知っていたので、市内に住んでいる自分がやろう」と決め、九月一九日から投票日の一一月一日までほぼ毎日街頭に立ち、宣伝場所と時間の告知を出すことによって「反対運動を手伝いたい」と思っている人たちの受け皿の場をつくりだすことに貢献した。

また会社員の野本耕志（四〇代）は、二〇一一年の原発事故以降、「TwitNoNukes大阪」という反原発デモを主催するグループに関わっていたが、二〇一五年住民投票の際は事情があって反対の活動をほとんどしていなかった。しかし二度目の住民投票においては、デモや路上での活動経験を活かして、ハンズフリーのマイク・スピーカーを購入し、プラカードを用意して、「残そう、大阪」のフライヤーを一人で街頭配布する「ソロ街宣」に取り組むようになる。

このような二度目の住民投票までに何かしら社会運動の経験を積んでいた人たちに加えて、大阪府や大阪市のコロナ対応への疑問から政治に急接近した人たちも運動に参加した。反対運動に参加した飲食店従業員のやよい（四〇代）は次のように語っている。[78]

78　筆者による聞き取り、二〇二〇年一二月。

五年前（二〇一五年）は、「一票なくてもいいや」と思っていたぐらいで、投票に行ったかも覚えていません。ただ、親は住民説明会に参加していて、「橋下信者」みたいだったんです。私も橋下さんを見て何か変えてくれるのかなという感覚はうっすら持っていました。

でも、難波駅前で賛成派が反対派を口悪く罵っていて、「維新は改革するのにこういう姿勢なのか」という印象を受けたんです。私自身、否決されたことに何も思わなかったのですが、ダブル選の時に維新には入れないでおこうとは思いました。

（大阪市の）コロナ対応で「おかしいな」と思うようになりました。一番は、雨合羽を呼びかけたことです。大阪市廃止に反対だと思ったのは、「ムダ」と言われている二重行政が明確化されていないと思ったからです。私はライブによく行くのですが、インテックス大阪とグランキューブ（国際会議場）が二重だというけど、用途が違うことも知らされていないと感じていました。

彼女は、「残そう、大阪」が九月一九日に初めて街頭宣伝をした際、SNSで告知を見て参加したのが社会運動への初めての関わりだったが、住民投票終盤には平日昼間の街宣活動の中心を担うようになった。

こうした新たな担い手が登場したことにより、反対を呼びかけた「残そう、大阪」のフライヤーは最終的に四万一〇〇〇枚、子育て世代向けフライヤーは二万二〇〇〇枚が作成され、活発に配布されることとなった。

（5）運動の発展

一方、一回目の住民投票で「都構想」反対の活動に取り組んだ団体・グループで、より活動を発展させた人たちもいた。例えば生野区連合振興町会は二〇二〇年一〇月一八日、町会長や役員らが有志として呼びかけて、「大阪市なくしたらあかん」と手書きした横断幕を手に商店街を練り歩いて反対を呼びかけた。これを企画した町会長らはいずれも自民党支持者であり、地域の〝名士〟として活躍していた人びとであった。[79] 町会長らは、通行人や商店主に声をかけながら、「大事な街をなくしたくありません。多数で通ってしまえば、大阪市も生野区もなくなってしまう」、「間違った制度が通ってしまうと、二度と大阪市には戻れない。生野区の一二の小学校を四つにする暴挙を、圧倒的な『都』構想反対で根絶しよう」[80]などと、五か所でスピーチを行った。

こうした町会長らの運動の背景には、一回目の住民投票の際、生野区で反対派の市民団体が開いた集会に自民党や無所属の市会議員、連合振興町会、医師会が参加して挨拶を行ったこと

79　筆者による当時の関係者への聞き取り、二〇二二年一二月九日。
80　二〇二〇年一〇月二五日付『大阪民主新報』「市も区も小学校も守ろう　生野区　町会長らが練り歩き」。

があった。この集まりが立場の異なる住民同士の交流を深めることとなり、二〇一六年二月に維新市政が生野区にある一二校の小学校を四校に統廃合する計画を打ち出した際には、連合振興町会会長らで「生野区の学校統廃合を考える会」を立ち上げ、統廃合の見直しを求めて陳情を提出するなど活動に取り組むこととなった。大阪市地域振興会そのものは維新市政によって弱体化が図られていたが、生野区連合振興町会にとって学校統廃合が重要な課題となったことによって、二〇一五年の住民投票では見られなかった練り歩きにつながった。連合振興町会有志としては、反対票を呼びかけるハガキを独自に四万枚作成して配布するなどの活動も展開した。

また、一回目の住民投票で反対の所見をとりまとめた学者らによる取り組みも発展を見せていた。京都大学の藤井聡教授と立命館大学の森裕之教授の二人が呼びかけた学者によるアピールは「豊かな大阪をつくる学者の会」となり、定期的に大阪の未来のあり方を考えるシンポジウムなどを開催するなどして、活動を継続させていた。[81] 二回目の住民投票に際して、「豊かな大阪をつくる学者の会」は二〇二〇年一〇月四日に大阪市廃止の問題点を提示するシンポジウムを開催し、同月一一日には学者の記者会見を開いた。

このシンポジウムに向けて一三二人の学者が大阪市廃止に対する所見を寄せたが、前回と異

81　森裕之「住民投票と学者・研究者」『市政研究』二一〇号、二〇二一年、三四頁。

なる特徴は新型コロナウイルスの流行を受けて公衆衛生や医療の立場から新たに反対の所見が寄せられたことであった。例えば元大阪市保健師で大阪健康福祉短期大学講師の亀岡照子は、「維新は住吉市民病院をつぶし、大阪府立公衆衛生研究所と大阪市立環境科学研究所を統合し、独立行政法人化した。（略）感染症はいつ発生するかわからない。日頃からの備えが大切だが、熟練した保健師や医師、公衆衛生の専門職が求められる。財政の裏付けのない都構想では職員配置もはっきり言って非常に不安だ」[82]と語った。また、開業医の団体である大阪府保険医協会からも、理事長の高本英司が「大阪市をなくして特別区になれば市財源の65％は府に吸い上げられ、子ども医療費助成制度の対象年齢引き下げなど住民サービスが今以上に切り捨てられることは必至だ」[83]と所見を寄せた。

この他、公衆衛生が専門ではない学者たちからも、維新が「二重行政のムダ」として大阪府立公衆衛生研究所と大阪市立環境科学研究所を統合したことや、住吉市民病院を廃止したことに対して疑問を呈する所見が相次いだ。

---

82 「『大阪都構想』の危険性を明らかにする学者記者会見（令和二年一〇月一一日）」https://www.youtube.com/watch?v=i5mSYc-HKsg

83 サトシフジイドットコム「『大阪都構想の危険性』に関する学者所見」二〇二〇年一〇月二一日更新、https://satoshi-fujii.com/scholarviews2020/

（6）子育て世代への働きかけと無数の個人・集団の動き

二度目の住民投票に際して、大阪市廃止の問題点は一回目の住民投票時と基本的に同じであったが、前回の住民投票からの五年間で、維新が「二重行政のムダ」とした府・市の施設の多くがすでに維新政治によって統廃合されたという違いがあった。

そこで反対派が争点にしたのが、副首都推進局が特別区移行後の財政運営を検証する資料としてまとめた「財政シミュレーション」だった。このなかで、市民プール、スポーツセンター、老人福祉センター、子育て活動支援事業（子ども・子育てプラザ）が削減・縮小の対象として計上されていたことに注目し、街頭などで利用者に向けて広く訴える手法をとった。

終盤に向けて反対派が大きく追い上げ、世論調査で賛否が拮抗しはじめる。賛成派・反対派ともに働きかけを強めたのは、一回目の住民投票の最終盤に賛成が大きく減少した女性層、とりわけ圧倒的に無党派が多いとされる子育て世代に対してであった。

「大阪・市民交流会」は、子育て世代で知名度の高い絵本作家の長谷川義史が描いたイラストとメッセージを用いた最終盤のポスターを発行した。このポスターは、ネットバナーとしても発信され広く活用されたが、反対派が宣伝していると、「俺賛成やけど、このポスターいいなぁ」[84]と声をかけられることもあったという。

84　武田かおり「これまでにない市民の動きが大阪市廃止を阻止した」『市政研究』二一〇号、一〇頁、二〇二一年。

「残そう、大阪」は子育て世代向けのフライヤーを緊急につくり、平日昼間の配布ボランティアを募って、子連れが訪れる公園や施設を狙った宣伝を展開した。このフライヤーは子育てプラザが削減・縮小の対象となっていることを知らせるとともに、小児科や周産期医療の拠点だった住吉市民病院が「二重行政のムダ」として廃止されたことを紹介するもので、反対派が「賛成か反対かもう決めていますか」と尋ねると「まだです」と言って、判断材料を求めて受け取る人も多い様子だった。[85]

この賛成・反対を呼びかける活動は、投票日当日も午後八時の投票締め切りまで行われた。個人や団体が「投票に行きましょう」と言いながら練り歩いたり、駅前で賛成派・反対派がともに並んで宣伝したり、公園で遊んでいる家族に「もう投票行きましたか」と声をかけたりする姿が、大阪市内各地で見られた。

そして午後一〇時四〇分頃、ＮＨＫが反対多数確実を報じ、大阪市廃止は再び否決され、大阪維新の会代表の松井一郎大阪市長は政界引退に追い込まれた。

「残そう、大阪」の行動に参加した野本耕志は、次のように自身の体験を振り返っているが、無数の個人や団体がバラバラにたたかったことがお互いを補い合い、自陣営だけで獲得できない人たちを反対票に結びつけることができたといえる。

85　残そう、大阪『残そう、大阪のＪＩＮ二〇二〇年大阪市廃止を阻止した市民の記録集』二〇二一年。

私が活動を始める時点で、すでに多くの団体が反対の見解を発信していて、もちろん同意できるものでしたが、自分が反対する理由はそれと同じだろうかと考えると、少し違うと思ったんです。多くの人に理解してもらえそうな最大公約数的な意見を宣伝して広めることも大事だけれど、発表済みの意見で納得できなかった人を振り向かせるためには、生活者としての生の声が必要だと思ったのです。

がばっと反対票を増やすのは組織運動に任せて、そのメッセージには馴染まなかった人にも刺さるかもしれない言葉を探して届けることをすれば、あと一〇票を増やせるのではないかと思い、一人で路上に立ちました。

よく「反対派はまとまっていない」と言われていましたが、それでいいと思っていました。共産党と同じことを言いたくない、同じと思われたくないと考える人も少なくないなかで、無理をする必要はなかったと思います。賛成派は「反対派＝既得権益者」だとイメージづくりをしていましたが、無数の個人や小集団が好き勝手に動き回る様がかえって絶妙なカウンターになりました。[86]

86　筆者による聞き取り、二〇二〇年一二月。

維新に勝利した政治戦の共通点

大阪における維新と対抗勢力の政治攻防として、二〇一五年住民投票、二〇一三年堺市長選と二〇一五年吹田市長選、そして二〇二〇年住民投票を見てきた。

広範な市民の活動は、第一に二〇一五年住民投票に見られる超党派の共同を可能にし、第二に二〇一三年堺市長選や二〇一五年吹田市長選のように政治戦の争点を自らつくり出した。そして第三に、二〇二〇年住民投票のように政党や既存の団体の弱体化という「穴」を埋めて力関係を大きく変えたのだ。

維新に勝利したこれらの政治戦において、対抗勢力の主体に市民の政治参加と活発な活動があったことが共通点であるといえる。一般に日本の選挙は「べからず選挙」と呼ばれる公職選挙法によって「してはいけないこと」が多く、市民は参加しづらい。市民が自由に意見を表明できなければ、知名度が高い現職首長やメディアの影響が大きくなりがちである。しかし二度の住民投票は通常の選挙とは異なり公職選挙法の規定が適用されないことから、市民が自由にチラシをつくったり演説したりできたため、市民グループが「何かしたい」と思った人たちの受け皿となり、参加層が広がりやすかった。一方、二〇一三年堺市長選と二〇一五年吹田市長選は通常の選挙であったものの、市民団体が争点につながる署名や公開質問状などに取り組んだことで、市民の政治参加のハードルを下げることに成功したといえる。どの例においても、政党による活動では手の届かない、市民による政治活動の重要な役割が果たされた。

同時に、従来から国や自治体に対する要望や運動に取り組んできた団体の大切さも指摘しておきたい。いくつか紹介したように、住民団体や労働組合は、構成員やその周辺にいる人たちと政治との橋渡しをしつつ、市民の自発的な活動と時には密接に連携し、時にはそれぞれの立場で運動して、維新に対抗する世論を広げてきた。施策の問題点を分析し、要望をまとめ、継続的に国や自治体、議会に働きかけることは個々の市民だけでは困難である。また、首長選挙など大きな選挙になるほど、実務的にも人員的にも団体の役割は大きい。維新政治によって団体も労働組合も弱体化が進められたが、新たに政治参加した市民との連携を通じて再生を図っていくことが求められている。

堺市では、二〇一七年の市長選で再び竹山修身が維新候補を破って三期目の当選を果たしたが、政治資金の問題で辞職し、維新が市政を握ることとなった。吹田市は、維新から後藤圭二に市政交代したものの公立保育所民営化は一年の延期を経て実行され、障害者福祉施策についても維新市政以上の削減が行われる事態となった。住民からは「維新〝市長〟は終わらせたが、維新〝政治〟は終わらなかった」という声も聞かれる。

このように政治不信に見舞われながらも、市民の政治への関わりは途絶えていない。大阪市においては二〇二〇年の住民投票以後、広域行政一元化条例への反対やカジノ誘致に反対する活動が活発に展開されてきた。二〇二二年七月にはカジノ誘致の是非を問う住民投票を求める署名が府内で二一万人分集まり、大阪府議会で否決されたものの条例案が審議された。

堺市においては立憲民主党・共産党・無所属の党派を超えた議員と市民が集まる「市民1000人委員会」が議会ごとに会議をして、学習会を開きながら市政の監視に取り組んでいる。維新市長が「おでかけ応援バス」の改悪案[87]を出した際には、反対の署名やチラシを広げて議会での否決に追い込んだ。また、第二子の保育料無償化について延期を発表した際には、保護者ら三九人が呼びかけて、二か月で一万二一〇〇人分の署名を集め、堺市議会で救済措置が全会一致で実現している。

吹田市でも、市が計画した市民課業務を民間委託する案に対して、市民による学習会が取り組まれたり、法律家が連名で意見書を出したりするとともに、学者らが呼びかけた「吹田の豊かな公共を取り戻す市民の会」が市長宛の要請はがきに取り組み、民間委託を撤回させている。また大阪市など各地で公園管理を民間事業者に提供する動きが進むなか、吹田は住民が署名を集め、市が企図した民間事業者のための駐車場の縮小や樹木伐採の見直しを実現している。民営化の失敗から公共サービスを再公営化＝インソーシングし、誰もが享受できるようによりよく再構築する動きは国際的な流れにも合致しており、大阪もまたその最前線にいるといえる。

87　六五歳以上の堺市民が市内の路線バスなどを一乗車一〇〇円で利用できる「おでかけ応援制度」の対象年齢を七〇歳以上に段階的に引き上げる市の改正案。

大阪の人たちは維新の看板政策である「都構想」＝大阪市廃止を二度にわたって否決するとともに、維新の代表を二代続けて政界引退に追い込んできた。しかし対抗する政党の側は維新に代わる大阪像を提示するに至っていない。コロナ禍を経た今、あらためてどのような大阪を目指していくのか、住民運動の役割が期待される。

あとがき

私が大阪府庁を退職して七年余が経過しました。今さら回顧録でもないと思うし、そもそもそうしたものはあまり好きではありません。現役中もこまめに記録を残すことをしていませんでしたし、退職後は現役時代にため込んでいた資料もほとんどを廃棄してしまっていました。

そんな私に、昨年五月、福田耕さんと塩田潤さんから「巷に出ている維新に関する本はどうもしっくりこない。私たちなりに分析をしたいので、間近に見た維新政治について語ってほしい」という依頼がありました。お二人は、私の知事選挙を勝手連的に応援してくれ、また、二度目の大阪市廃止の住民投票では「一緒に反対運動をしませんか」と誘ってくれた、若い友人です。彼らが期待することを書けるのかと迷いましたが、副知事を任期途中で退任し、その後の知事選挙には「都構想に終止符を打ちたい」と出馬した私にとって、最後の区切りをつける意味で引き受けることとしました。

昨年来、福田・塩田両氏と議論し、またアドバイスをいただきながら書き進めてきましたが、それも今年の二月から四月にかけて中断せざるを得ませんでした。それは、本年四月九日に執行された大阪府知事・大阪市長選挙に向けて、今の大阪府政・大阪市政を変えようと結成された「アップデートおおさか」という政治団体の事務局長を私が引き受けることになったからです。アップデートおおさかは、この間自民党大阪府支部連合会や立憲民主党大阪府総支部連合会、連合大阪などが今回のダブル選挙への準備を進めるなかで、「従来の維新対非維新の枠組みにとらわれることなく、今の大阪府政・大阪市政をよくしたい、変えたいと願う多くの市民が結集できるプラットフォームをつくる必要がある」という考えのもと結成された、市民レベルの政治団体です。本書の第二部第三章「大阪維新の会と対抗運動の攻防史」では、この間の二度の住民投票や府内の首長選挙で維新に勝利した原動力として広範な市民の運動があったとの分析がされています。私も自らの知事選挙の経験から、府民・市民が願う政治・行政を実現するための選挙にしていく必要があると考えていたため、新しい政治団体の呼びかけ人に名を連ね、事務局長を引き受けることとしました。二か月余りの間、今回は候補者としてではなく候補者を支える立場で選挙に取り組むこととなったわけです。

残念ながら、幅広い市民の力を結集するという目標にはほど遠い結果となってしまいましたが、市民レベルの政治団体としての新たな取り組みを始めることができました。アップデートおおさかが推薦した谷口真由美知事候補と北野妙子市長候補のお二人は、多くの府民・市民の意見を聞いて政策を練り上げていきたいとの強いお気持ちを持っておられました。「ラウンドテーブル」と名付けられたこの取り組みは、視覚障がい者やシングルマザー、ギャンブル依存症や大阪の教育の再生に取り組む方々などから意見をお聞きしましたが、わずか一か月足らずの間に一二回を重ねました。さらにご意見をお聞きした皆さんには、選挙活動の中でマイクを握っていただくようにもなりました。市民が願う政治の実現を求める選挙、市民が参加できる選挙という端緒をつくることはできたと思いますし、今後もこうした取り組みを追求していく必要があると考えています。一方、選挙の主力部隊である政党との関係をどうするか、政党の支援をどう受けていくのかは、この二か月余り悩み続けたことでした。その答えはまだ出ていませんが、市民レベルの政治団体と政党との新しい協働関係が構築されるとき、大阪の政治を大きく変える展望が見えてくると確信しています。

本書は、私の経験談を入り口として、「民主主義と生活を守る有志」（ＳＡＤＬ）そして「残そう、大阪」として市民による都構想反対運動を牽引した福田氏と、同じく市民運動に参加し、政治学を専門とする研究者でもある塩田氏が維新政治の分析を試みたものです。また、維新政治のもう一つの柱である大阪市側からの視点を加えるため、私と大阪市元幹部の方との対談も盛り込むこととしました。できるだけ肌感覚に近い維新政治の実相をお伝えし、維新政治転換の糸口を見出すことができれば幸いです。

最後にこの企画を受け入れ、執筆を励ましていただいた花伝社と同社編集部の大澤茉実様に感謝申し上げます。

二〇二三年五月

小西　禎一

小西禎一（こにし・ただかず）
1954年生まれ、元大阪府副知事。1980年、大阪府入庁。2008年2月、橋下徹知事（当時）より改革プロジェクトチームの長として抜擢、「大阪都構想」の制度設計も行った。2009年〜総務部長。2012年〜2015年、松井一郎知事の下で副知事。辞職に際して、松井知事からは「財政再建の立役者」と評された。2019年4月、大阪府知事選挙に無所属（自民党と公明党府本部、連合大阪の推薦）で立候補。

塩田潤（しおた・じゅん）
神戸大学大学院国際協力研究科部局研究員、龍谷大学法学部非常勤講師、法政大学キャリアデザイン学部兼任講師。専門は政治学、政党論および社会運動論。博士。著書に『危機の時代の市民と政党――アイスランドのラディカル・デモクラシー』、訳書にシャンタル・ムフ『左派ポピュリズムのために』（共訳、以上明石書店）など。

福田耕（ふくだ・こう）
大阪市内勤務。2015年の「大阪都構想」の賛否を問う住民投票では市民有志でつくる「SADL」（民主主義と生活を守る有志）を、2020年の同住民投票では「残そう、大阪」を立ち上げ、大阪市存続の運動に関わった。主な論稿として、「『大阪市廃止にNO』を呼びかけたキャンペーン『残そう、大阪』」（大阪市政研究会『市政研究』210号）。

維新政治の内幕――「改革」と抵抗の現場から

2023年6月10日　初版第1刷発行

著者 ――― 小西禎一・塩田潤・福田耕
発行者 ―― 平田　勝
発行 ――― 花伝社
発売 ――― 共栄書房
〒101-0065　東京都千代田区西神田2-5-11出版輸送ビル2F
電話　　03-3263-3813
FAX　　03-3239-8272
E-mail　info@kadensha.net
URL　　https://www.kadensha.net
振替 ―――00140-6-59661
装幀 ――― 北田雄一郎
印刷・製本― 中央精版印刷株式会社

ISBN978-4-7634-2064-0 C0031